BERNHARD WOLFF

Denken hilft

Frische Ideen für
Gedächtnis und Kreativität

BERNHARD WOLFF

Denken hilft

Frische Ideen für
Gedächtnis und Kreativität

HEYNE ‹

Verlagsgruppe Random House FSC-DEU-0100
Das für dieses Buch verwendete
FSC-zertifizierte Papier *EOS*
liefert Salzer, St. Pölten.

2. Auflage
Redaktion: Angelika Lieke, München

Copyright © 2009 by Wilhelm Heyne Verlag, München,
in der Verlagsgruppe Random House GmbH
Umschlaggestaltung: Hauptmann & Kompanie Werbeagentur,
München – Zürich, nach einer Idee von René Fehrmann
Umschlagabbildungen: Chris Hirschhäuser (Vorderseite),
Wittus Witt (Rückseite, links) und »Think-Theatre« (Rückseite, rechts)
Illustrationen: Christian Puille
Satz: C. Schaber Datentechnik, Wels
Druck und Bindung: Pustet, Regensburg
Printed in Germany 2009
ISBN 978-3-453-16542-7

www.heyne.de

*Für Tina
und die Dreiundzwanzig*

Inhalt

Vorwort von Cristián Gálvez 13

Herzliche Begrüßung von Bernhard Wolff 16

1. KAPITEL **Wecken Sie Ihren Wortschatz**

Mund auf und raus mit der Sprache 21
*Von der verblüffenden Tatsache, dass so mancher Gedanke
nur dadurch entsteht, dass wir ihn aussprechen.*

Wortspiele – im wahrsten Sinne 25
*Der Wortschatz ist ein tolles Spielzeug, alle haben ihn immer bei sich.
Warum spielen Sie nicht einfach mal drauflos?*

Aus aktuellem Anlass alles auf A 32
*Not macht erfinderisch: Geschichten von A bis Z,
bei denen jedes Wort mit demselben Buchstaben beginnt.*

Wie Giraffen zu grünen Bärten kommen 38
*Drei praktische Übungen, die Ihr Talent im Improvisieren fördern –
oder das Ihrer Freunde und Kollegen.*

Was Sprache sonst noch zu sagen hat 41
Ein Lob auf Kalauer, Anagramme, Friseure und sonstige Sinnstifter.

2. KAPITEL **Mehr merken mit Bildern im Kopf**

Rudi Carrell, die alten Griechen und der IKEA-Katalog ... 45
Die Geschichte der Gedächtniskunst und die Psychologie sinnloser Silben.

Bilder im Kopf sind das Salz in der Suppe 50
*Über unsere Fähigkeit, Bilder im Kopf zu erzeugen,
um Gedächtnislücken zu vermeiden.*

Im Atelier der Gedächtniskünstler 57
*Wie eine kunstvolle Assoziation dafür sorgt, dass uns
das eine an das andere erinnert – wann immer wir wollen.*

Die Birne trainieren wie Henry Maske 65
*Ein kurzes Training zum Merken von langen Listen –
live erprobt in der »Grips-Show« von Günther Jauch.*

Sichere Orte für flüchtige Gedanken 67
*Wie Sie Gedanken an mentalen Orten ablegen und dort jederzeit
wiederfinden – zum Beispiel die Stichworte einer Rede.*

Die Geheimzahl in der Fingerspitze 70
*Über unser Gedächtnis für Zahlen. Mit Tipps und Tricks, wie Sie
auch in abstrakten Zahlen Bedeutung und Bilder entdecken.*

Mehr als merkwürdige Meisterschaften 75
*Ein Besuch bei der Gedächtnismeisterschaft und
drei sportliche Testaufgaben.*

3. KAPITEL Namen merken – ein Kapitel für sich

Wissenswertes über Nachnamen 79
Ein kurzer Abriss über ihre Geschichte und Herkunft.

Wenn der Name auf der Zunge liegt 83
Erste Hilfe für eine besonders bittere Gedächtnislücke.

Kleiner Knigge für Namenversteher 85
*Verhaltensregeln, die regeln, wie Sie beruflich und
privat geschickt mit Namen umgehen.*

Achtung Test – Ergebnis inklusive! 90
*Ein kurzer Test, der mehr über Ihr Gedächtnis verrät als
so manches komplizierte Fachbuch.*

Bilder von Tausenden Stewardessen 92
*Wie man in Namen Bilder entdeckt,
die dem Gedächtnis gute Dienste leisten.*

Namen und Gesichter – eine schwierige Beziehung 96
*Das Gesicht kommt Ihnen bekannt vor, aber der Name
fällt Ihnen nicht ein? Das lässt sich ändern!*

Über Vornamen und einfallsreiche Eltern 98
Bitte unbedingt lesen, bevor Sie das Kind beim Namen nennen.

Von Heuss bis Köhler 100
*Eine Merktechnik zum schnellen Lernen von Listen –
nicht nur geeignet für Präsidenten.*

Für Lehrer, Redner, Führungskräfte 102
*Coaching für einen großen Auftritt: So begrüßen Sie
Hunderte Teilnehmer aus dem Gedächtnis mit Namen.*

4. KAPITEL **Lust auf Ideen**

Darwin und die Newsticker 109
*Warum Ideensuche notwendig ist und ein bisschen
so funktioniert wie Evolution.*

Überleben Sie noch oder leben Sie schon? 111
*Über den Bewahrer und den Veränderer in uns,
und warum Wickie der Wikinger ein großer Held ist.*

Willkommen im Land der Ideen 116
*Erfindungen made in Germany und
der traurige Abschied von der Glühbirne.*

Was soll nur aus mir werden? 119
*Meine persönlichen Erfahrungen mit kreativen Berufen,
ideenreichen Menschen und erschossenen Kaninchen.*

Unser natürlicher Feind: das Gewohnheitstier 124
*Wie Muster unser Wahrnehmen, Denken und
Handeln bestimmen – bis wir sie ausmustern.*

Kreativität ist ganz schön grausam 129
*Zerstören, Durchbrechen, Fallenlassen:
die finsteren Seiten des kreativen Denkens.*

Alles eine Frage der Perspektive 135
*Wie man Miete spart, besonders viel Eis abkriegt und
seine Probleme an Biene Maja delegiert.*

Äpfel mit Birnen vergleichen? Unbedingt! 142
*Kreative Köpfe begeben sich in Parallelwelten,
entdecken Ähnlichkeiten und finden Metaphern.*

Wo sind die Ideen, bevor man sie hat? 143
Über das Phänomen, dass man hinterher immer schlauer ist.

Und Arbeit ist es trotzdem 148
Ein paar Tipps und Tricks, die Ihnen das kreative Arbeiten erleichtern.

Den Schalter umlegen –
von der Ideenfindung zur Umsetzung 152
*Warum Sie zum Umsetzen einer Idee
ein anderer Mensch werden müssen.*

Eine Wundertüte voller Anregungen 157
*Ein Dutzend quergedachter Ideen, mit denen
Sie machen können, was Sie wollen.*

Wie man sich mental vom Acker macht 162
Eine Anleitung zum Betreten von Neuland.

5. KAPITEL Rückwärtssprechen macht Sinn

Über den Sinn im Unsinn 165
Dass sinnlose Dinge keinen Sinn machen, ist ausgemachter Unsinn.

Das Ortsschild von Stockelsdorf 168
Nur um kurz die Frage zu beantworten:
»Wie kommt man denn auf Rückwärtssprechen?«

Das Alphabet von Z bis A 172
Schneller als gedacht haben Sie es drauf:
das komplette Alphabet rückwärts.

Muse her da, dreh es um 174
Die Geschichte einer Urlaubsreise, die vorwärts
und rückwärts zugleich verlief.

Geheime Botschaften und warum wir sie hören 177
Über unser Bedürfnis, die Welt zu erklären,
und wie unser Gehirn dabei übers Ziel hinausschießt.

Das ganze Leben rückwärts 182
Zum Schluss ein Gedankenspiel, das uns wieder ganz an den Anfang führt.

ANHANG Das Lexikon der Assoziationen 185

1000 Merkbilder und Assoziationen zu allen möglichen Nachnamen.
Ist Ihrer auch dabei?

Danke schön! 216

Literaturverzeichnis 218

Kontakt zum Autor 224

Vorwort von Cristián Gálvez

Es gibt Menschen, die werfen Papiertüten achtlos in den Müll. Und es gibt Menschen, für die kommt das nicht in die Tüte. Die fragen sich: Warum wirft man die Dinger einfach weg, ohne sich vorher den Spaß zu machen, sie aufzublasen und mit einem lauten Knall zum Platzen zu bringen? Vor Ihnen liegt ein Buch von einem dieser Menschen. Sie haben also alles richtig gemacht – nämlich ein Buch erworben, das in Wirklichkeit eine Wundertüte ist.

»Ich denke, also bin ich!«, behauptet Descartes. »Ich denke nicht. Es denkt!«, meint Foucault. Und Wolff sagt: »Denken hilft.« Stimmt.
Also, warum kann, soll, muss man dieses Buch lesen? Mit Helge Schneider könnte man antworten: »Dieses Buch ist: gut.« Aber ich kann Ihnen verraten: Es kommt noch besser. Der Mann hat vor, Sie zu verblüffen. Nichts anderes führt er im Schilde.
Vor 25 Jahren lernten Bernhard Wolff und ich uns über ein gemeinsames Hobby kennen: die Zauberei. Klingt erst einmal nach Kindergeburtstag. Doch Bernhard wurde in Japan mit seinen »Plebsbütteln« zur weltweit besten Darbietung in der Comedy-Zauberei gewählt. Bernhard, der Weltmeister. Mittlerweile haben wir das Fach etwas erweitert – ich als Autor, Referent und Coach, er als Rückwärtssprecher, Moderator, Speaker, Entertainer, Autor …

Aber bei alldem ist ihm immer der Moment der Verblüffung wichtig geblieben. Zu meinem Geburtstag kommt er unangemeldet von Berlin nach Köln und bringt einen Schwung Bilder von uns aus den vergangenen 25 Jahren mit. So ist er: Verschickt zum Geburtstag nicht einfach einen Schneebesen von eBay, sondern steigt selbst in den Zug, klingelt an der Tür und liefert ein Geschenk ab, das persönlicher nicht sein kann. Bernhard macht sich Gedanken. Denkt mit. Denkt nach. Denkt quer. Denkt vor. Verdreht Köpfe. Ver-rückt. Verblüfft.

Immer dann, wenn mein eigenes Denken nur noch geradeaus verläuft oder in einer Sackgasse endet, wähle ich seine Nummer. Für mich die Hotline zum garantierten Geistesblitz – sieben Tage die Woche, 24 Stunden am Tag, stets ein offenes Hirn. Bernhards kreativer Geist findet immer einen neuen Weg. Dabei denkt er meinen Gedanken nie einfach weiter, sondern einfach anders.

Bernhard Wolff macht Lust auf die Extrameile im Kopf. Seine ausgeprägte Leidenschaft für das Neue macht selbst vor den scheinbar unterschiedlichen Bühnen des Lebens nicht halt: Ob er nun im Rahmen seines Soloprogramms spielend rückwärtsspricht, bei einer Tagung alle 500 Teilnehmer namentlich aus dem Kopf begrüßt, mit seinem Vortrag »Think innovative!« ein Publikum mit Ideen überschüttet oder sein außergewöhnliches Wissen als Berater für Unternehmen zur Verfügung stellt.

Denken ist für Bernhard nicht logisch, naturwissenschaftlich oder linear – er denkt immer um die Ecke. »Lateral« nennen das die Experten. Am Ende sind es immer neue Gedanken, die für Überraschung sorgen. Und davon handelt dieses Buch – und deshalb ist es ein großes, persönliches Geschenk: Bald können Sie rückwärtssprechen, sich im Handumdrehen jede Menge Namen auf einmal merken, spielend Eselsbrücken-Hopping betreiben, Ideen aus dem Hut zaubern und kreativ aus der Hüfte schießen.

In diesem Buch gibt es kein nutzloses Schmökern, hier wird Ihr Potenzial aktiviert: »Lesen« bedeutet ursprünglich »Aussuchen und Ernten«, so wie es bei dem Wort »Weinlese« noch mitschwingt. Und das Buch eines ehemaligen Werbetexters ist natürlich ein Weinberg: nicht frei von berauschender Wirkung. Beim Lesen entdecken Sie die Möglichkeiten, sich an Ihren eigenen frischen Ideen förmlich zu »betrinken«, und das ganz ohne Promille und Selbstüberschätzung.

Sobald Sie sich nun Seite für Seite hinter die Binde gießen, pardon: zu Gemüte führen, werden Sie völlig neu über das Denken denken. Sie verwandeln sich in einen originellen Querdenker sowie Impuls- und Ideengeber für andere. Und Sie werden dabei jede Menge Spaß haben.

Gute Freunde bringen sich gegenseitig auf neue Gedanken. Jean Paul sagte einmal: »Bücher sind nur dickere Briefe an Freunde!« Vor Ihnen liegt ein solcher Brief, der Ihrem Gedächtnis einen erhellenden Schub verleihen wird, geschrieben von einem, der dies auf überraschende Weise immer wieder neu auf den Bühnen seines Lebens präsentiert: Vorhang auf für einen richtig Guten – Bernhard Wolff! Ich verspreche Ihnen eine reiche Lese und viele bunte Blumen statt grauer Theorie. Und verabschiede mich, bevor Sie vor Neugier platzen.

Ihr Cristián Gálvez

Cristián Gálvez ist Autor des Buches »Du bist, was du zeigst!« und Experte für *Persönlichkeit & Wirkung* (*www.galvez.de*).

Liebe Leserin, lieber Leser,

wie schön: Sie denken! Sie nehmen wahr, was ich für Sie aufschreibe. Sie fragen sich, was Sie hier erwartet. Und Sie wollen wissen, was dieses Buch Ihnen nützt. Es rattert in Ihrem Kopf, das kann ich hören. Und bei mir rattert es auch, während ich schreibe. Wir werden gemeinsam rattern, die nächsten 207 Seiten. Darauf freue ich mich. Und dazu ganz herzlich willkommen!

Mit einer Kanne voller Ideen, Erfahrungen und Anregungen möchte ich Ihr Hirn begießen. Möge es sprießen und sprudeln! Ich habe dieses Buch geschrieben, weil ich Sie begeistern möchte für ein frisches, ideenreiches Denken. Ihre Zeit und Aufmerksamkeit ist gut investiert, und das gleich dreifach: Sie werden eine Menge Spaß haben. Sie werden Ihr Gedächtnis wirksamer benutzen. Und Sie werden auf bessere Ideen kommen. Oder etwas genauer gesagt: Sie werden mit Sprache und Bedeutungen spielen, Humor und Wortwitz aus der Reserve locken, Ihr Improvisationstalent fördern, Kommunikation neu erfinden, Bilder im Kopf aushecken, Gedächtnistricks studieren, sich Hunderte Namen merken, Ihre Mitmenschen verblüffen, sich von alten Denkmustern lösen, neue Ideen suchen und finden, einigen Top-Kreativen begegnen, sich wirksame Arbeitsweisen aneignen, aus Vergnügen rückwärtssprechen, geheime Botschaften entschlüsseln, sich mental vom Acker machen und im Geiste Neuland betreten. Am Ende werden Sie sich wundern, wie vielseitig Denken hilft, wenn man es mal ganz anders angeht.

Beim Schreiben waren mir drei Dinge wichtig: Erstens, dass Sie neue Erfahrungen machen: Sie finden daher viele kleine Übungen, Anregungen und Trainingshäppchen im Text. Zweitens, dass Sie ein paar Informationen mitnehmen: Daher melden sich auch Fakten und Hintergründe zu Wort. Und drittens, dass ich persönlich sein darf: Die Auswahl der Themen, der Erkenntnisse, der Beispiele, der Begegnungen, der Übungen, das alles spiegelt mein eigenes Leben und Arbeiten.

Autor bin ich erst seit diesem Buch. Aber ich fand, es ist eine gute Ideen, mit 42 Jahren einen weiteren Beruf zu ergreifen. Das muss alle paar Jahre mal sein. Ich darf Ihnen nun, in der Reihenfolge ihres Auftretens, meine Berufe vorstellen: Rückwärtssprecher, Zauberkünstler, Gedächtniskünstler, Werbekaufmann, Werbetexter, Diplom-Wirtschaftspädagoge, Agenturgründer, Konzeptioner, Moderator, Entertainer, Speaker, Autor. Das Dutzend ist voll. Aber hinter diesen vielen Bezeichnungen steckt nur eine einzige Leidenschaft: Menschen mit Ideen verblüffen und für neue Ideen begeistern. Ich hatte kurz nach dem Abi mal nachgefragt bei der Berufsberatung, aber leider gab es keine Ausbildung für den Beruf des Ideenfürsorgers. Da musste ich eben ein paar Schlenker machen. Für den Fall, dass Ihre Biografie auch ein paar Schlenker aufweist: Vielleicht ist das ein Zeichen dafür, dass Sie einmalige Dinge tun – und es einfach keine professionelle Schublade für Sie gibt.

Ich möchte Sie dazu ermuntern, auch weiterhin ungewöhnliche Dinge zu tun und zu denken. Dieses Buch soll Sie dabei unterstützen. Vielleicht ist es Zufall, vielleicht aber auch ein Wink, dass meine Arbeit an diesem Text genau mit der Wirtschaftskrise zusammenfällt. Seit Herbst 2008 sind Umdenken, Perspektivenwechsel und Ideensuche alltägliche Notwendigkeit. Die Erkenntnis, dass Veränderungen notwendig sind, wurde überrollt von der Tatsache, dass sie einfach passieren. Schneller als uns lieb ist. Jeder von uns wird sich ein bisschen neu erfinden müssen. Mein Buch ist zwar keine Anleitung dafür, und war auch nicht als solche konzipiert, aber vielleicht kann es einen Beitrag leisten – einen kleinen, spielerischen, optimistischen Beitrag. Vor allem im vierten Kapitel »Lust auf Ideen« werden wir uns mit Denkweisen beschäftigen, die bei persönlichen Veränderungen hilfreich und ermutigend sind.

Überhaupt: Sie können die Kapitel, und auch die Unterkapitel, einzeln ansteuern. Das Buch ist gut geeignet, zu stöbern, zu blättern, querzulesen oder zu springen. Es gilt das Gießkannenprinzip: Jeder einzelne Tropfen ist eine mentale Erfrischung. Hier für Sie eine kurze Übersicht, was Sie in welchem Kapitel erwartet:

1. Kapitel: »Wecken Sie Ihren Wortschatz«

Wörter und ihre Bedeutungen sind die Währung, die wir austauschen. Je mehr Bedeutungen wir entdecken und je freier unsere Sprache fließt, umso wertvoller und ideenreicher wird unsere Kommunikation. Das Kapitel lädt Sie ein, spielerisch und wortwitzreich mit Sprache umzugehen. Das ist eine Fähigkeit, die Türen öffnet – vor allem die Tür ins Einfallsreich.

2. Kapitel: »Mehr merken mit Bildern im Kopf«

Mentale Bilder wirken auf das Gedächtnis und auf unser zukünftiges Handeln. Das zweite Kapitel zeigt Ihnen, wie Sie die Denktechniken des Visualisierens und Assoziierens selbst nutzen können. Hier lernen Sie die Praxis und die Kulturgeschichte der Mnemotechnik kennen, mit der ich als Gedächtniskünstler arbeite und über die ich meine Diplomarbeit als Wirtschaftspädagoge verfasst habe.

3. Kapitel: »Namen merken – ein Kapitel für sich«

Namen sind ein gutes Beispiel dafür, warum wir Dinge vergessen, obwohl sie uns wichtig sind. Namen passen nämlich selten zu Gesichtern. Wie man trotzdem Eselsbrücken baut und wie Sie sich Hunderte Namen merken, das verrate ich Ihnen an dieser Stelle. Der Clou ist ein Lexikon der Assoziationen für 1000 Nachnamen, das Sie im Anhang finden.

4. Kapitel: »Lust auf Ideen«

In diesem Kapitel findet das Denken in Bildern eine Anwendung, die in die Zukunft gerichtet ist: Kreativität. Mehr als 20 Jahre lang habe ich in sogenannten »kreativen Berufen« gearbeitet. Hier gebe ich Ihnen meine praktischen Erfahrungen als ehemaliger Texter der Agentur Springer & Jacoby, als Konzeptioner von Tagungen und Events und als Berater und Wirtschaftspädagoge weiter. Ein Coaching für Ihre Ideensuche.

5. Kapitel: »Rückwärtssprechen macht Sinn«

Sinn entsteht, indem wir ihn suchen. Im fünften Kapitel lassen wir es darauf ankommen: Wir drehen Sprache um und machen uns auf die Suche. Dabei werden wir geheime Botschaften entdecken und uns ein Leben rückwärts vorstellen. Und ich werde Ihnen verraten, wie ich selbst mit dem Rückwärtssprechen angefangen habe: als kleiner Junge, aus purem Spieltrieb. Und auch Ihren Spieltrieb will dieses Buch erhalten und fördern. Erwachsen werden, aber Kind bleiben, das ist meine Botschaft.

Als Rückwärtssprecher habe ich das Vorwort natürlich ganz zum Schluss geschrieben. Ein paar intensive Wochen Texterei liegen hinter mir. Und ich wünsche mir von Herzen, dass ich Sie mit diesem Buch – hier und da – wirklich erreiche. Das unterscheidet Buch und Bühne: Auf der Bühne gibt es sofort Applaus, beim Schreiben bleibt es still – da kann der Satz noch so gelungen sein. Jetzt aber verlassen diese Zeilen und auch ihr Autor wieder den Schreibtisch. Dann wird eine Runde gedruckt. Und danach sind Sie an der Reihe. Ich bin gespannt. Ihr Feedback, Ihre Gedanken, Anregungen und Erfahrungen sind mir willkommen. Meine Kontaktdaten finden Sie ganz am Ende des Buches. Und auf meiner Homepage *www.bernhardwolff.de* können Sie sich über alle Termine informieren, zu denen wir uns gleichzeitig am selben Ort begegnen können: bei Gastspielen, auf Lesungen oder in Vorträgen. Ich freue mich auf Sie.

Ihr Bernhard Wolff

1. KAPITEL

Wecken Sie Ihren Wortschatz

Mund auf und raus mit der Sprache

Von der verblüffenden Tatsache, dass so mancher Gedanke nur dadurch entsteht, dass wir ihn aussprechen.

Denken ist Reden mit sich selbst, hat Kant gesagt. Und er hatte Recht. Es gibt Menschen, die in der Badewanne liegen, ganz allein, und plötzlich laut loslachen: Die haben sich einen Witz erzählt, den sie selbst noch nicht kannten. Faszinierend. Was aber tun, wenn einem im Selbstgespräch die Pointen ausgehen? Wenn man – beim Denken allein zu Haus – nicht zur Erleuchtung findet? Wenn man nicht Kant ist?

Kant sind die wenigsten. Darum möchte ich Ihnen einen praktischeren Weg vorschlagen, um die Gedanken in Schwung zu bringen: Reden Sie nicht mit sich selbst, suchen Sie sich jemanden, auf den Sie einreden können! Auf jemanden einzureden ist eine prima Hilfe, um auf Gedanken zu kommen, die man allein gar nicht hätte. Heinrich von Kleist hat das beschrieben in seinem Aufsatz »Über die allmähliche Verfertigung der Gedanken beim Reden«. Und er wählt dafür einen treffenden Vergleich: Der Appetit kommt beim Essen, die Idee kommt beim Sprechen. Und Sie müssen zugeben: Von Menschen, die nicht sprechen, hören wir auch selten eine gute Idee.

Wenn jemand großen Quatsch redet, dann lautet der gängige Ratschlag: »Vor dem Gebrauch des Mundwerks bitte das Gehirn einschalten.« Falsch!
Denn erst dadurch, dass wir das Mundwerk gebrauchen, kommt das Gehirn so richtig in Schwung. Wenn Ihr Auto abgesoffen ist, was hilft Ihnen der Ratschlag: »Vor dem Losfahren den Motor starten.« Nichts! Das Auto springt erst an, wenn es angeschoben wird, in Bewegung gerät, wenn Sie die Kupplung kommen lassen. Wer redet, gerät mental in Bewegung. Das Reden selbst zieht Gedanken und Ideen nach sich. Wenn die Sprechwerkzeuge klappern, dann realisieren die grauen Zellen im Hintergrund: »Oh, verdammt, da ist dringend Bedarf an schlauen Inhalten.« Und schnell wird im Archiv gestöbert und das Gewünschte geliefert.

Schauen wir mal rein ins Kopf- und Mundwerk. Wie genau funktioniert unsere Sprachproduktion? Da ist ein ganzes Team am Werk: In der Sprachproduktion arbeiten ein Konzeptioner, ein Producer und ein Operator. Das klingt nach modernem Medienbetrieb, aber was sonst ist unser Sprechen? Der Konzeptioner entwickelt das Konzept: Worum geht es überhaupt? Was ist die Idee? Was will ich mit meinen nächsten Worten sagen? Der Producer übernimmt das Konzept und entwickelt eine passende Formulierung. Sein Werkzeug ist die Grammatik, und sein Material sind die Wörter aus dem Wortschatz des Sprechers. All diese Wörter sind für den Producer in einem mentalen Lexikon verfügbar. Nur manchmal, wenn er im Stress ist, vergreift er sich auf der Suche nach dem passenden Ausdruck. Das kann passieren. Dann verbrechen wir uns. Wenn der Producer seine Formulierung fertig hat, übergibt er sie an den Operator. Der Operator ist für die Artikulation zuständig. Er steuert die Sprechwerkzeuge: Zunge, Lippen, Gaumen & Co. Er macht der Luft den nötigen Druck, komponiert eine Satzmelodie, berücksichtigt sogar unsere Gefühle. Er verantwortet, dass Laute unsere Lippen verlassen. Und manchmal sind es sogar ganze Lieder.

Konzeptioner, Producer und Operator. Die drei sind ein eingespieltes Team. Im Fachjargon heißen ihre Arbeitsschritte: Konzeptualisierung, Formulierung und Artikulation. Beim normalen Sprechen laufen diese drei Arbeitsschritte wahnsinnig schnell ab und überschneiden sich sogar. Während wir den einen Gedanken laut artikulieren, formulieren wir im Kopf schon den nächsten – und konzipieren den übernächsten. Das Aussprechen erzeugt dabei eine Art Sogwirkung, wie bei einem Wasserschlauch. Wo vorne was rausfließt, da fließt hinten was nach. Wenn wir nicht reden, fehlt dieser Sog. Und ohne ihn bleiben Gedanken stecken, dann entsteht ein Gefühl von Knete im Kopf. Deshalb also: Raus mit der Sprache! Sprache will fließen. Am besten einem Zuhörer ins Ohr. Oder noch besser: direkt unter die Haut.

Natürlich spielen auch unsere Emotionen eine Rolle dabei, wie Gedanken und Worte fließen. Sind die Zuhörer begeistert, gewinnen wir Zuversicht und sprudeln. Machen uns die Zuhörer Angst oder lassen uns ohne Feedback im Regen stehen, geraten unsere drei Kollegen aus der Sprachproduktion unter Stress. Wir machen dicht, und Panik steht uns ins Gesicht geschrieben. An dieser Stelle ist es beruhigend zu wissen: Unser Gesicht zeigt zwar unsere Gefühle, aber wir können es unseren Gefühlen auch mit unserem Gesicht zeigen. Das sogenannte Facial Feedback sorgt dafür, dass der Gesichtsausdruck eine Rückwirkung auf die Gemütslage hat, dass Sie also tatsächlich souveräner werden, wenn Sie sich zu einem souveränen Gesichtsausdruck zwingen. Merken Sie sich also bei Gelegenheit Ihre souveränste Miene. Sie werden sie hier und da gebrauchen.

Übrigens: So mancher Kommunikationstrainer wird an dieser Stelle aufschreien und behaupten, das mit dem Gesicht sei ein schlechter Ratschlag, denn ein aufgesetztes Gesicht ginge schließlich auf Kosten der Authentizität. Naja. Sie haben die Wahl. Entweder kurz mal pokern und die eigene Stimmung aus dem Keller tricksen, oder dem miesen Gefühl ganz authentisch freien Lauf lassen. Das allerdings macht Sie nicht gerade souveräner. Dieselbe Diskussion wird beim Thema Freundlichkeit und gute Laune geführt. Soll man sich ein falsches Lächeln aufsetzen und sich zur Freundlichkeit zwingen? Bitte, bitte, ja! Denn das falsche Lächeln weicht schneller dem echten, als die vermuten, die es nie ausprobiert haben. Und im Zweifel ist mir ein falsches Lächeln immer noch lieber als ein echter Kotzbrocken.

Ein souveränes Gesicht im Gepäck und der Mut, einfach draufloszureden: Das ist es! Das ist die Wirkstoffkombination, mit der Sie auch unheilvolle Situationen überstehen. Zum Beispiel, wenn Sie in einer Prüfung keinen blassen Schimmer haben. Oder wenn Sie für einen kranken Kollegen spontan die Präsentation übernehmen müssen. Oder wenn der Schaffner nach Ihrem Ticket fragt. Bevor irgendwelche Zweifel aufkommen, immer an Heinrich von Kleist denken. Der schreibt: »Ich glaube, dass mancher große Redner in dem Augenblick, da er den Mund aufmachte, noch nicht wusste, was er sagen würde. Aber die Überzeugung, dass er die ihm nötige Gedankenfülle schon aus den Umständen und der daraus resultierenden Erregung seines Gemüts schöpfen würde, machte ihn dreist genug, den Anfang, auf gutes Glück hin, zu setzen.« Das Zitat bitte noch einmal lesen. Kleist schreibt verschachtelt, aber nicht von Pappe!

Hätte es vor 200 Jahren schon Fernsehen gegeben, wahrscheinlich hätte Heinrich von Kleist die TV-Show »Genial daneben«

erfunden. Auch in dieser Sendung wissen die Gäste selten, was sie sagen werden, bevor sie den Mund aufmachen. Sie reden trotzdem drauflos, mit lustig erregten Gemütern. Ob das Ergebnis eine Gedankenfülle im Sinne von Kleist ist, darüber kann man sicher streiten. Eines aber kann man von Hugo Egon und seinen komischen Kollegen lernen: Lieber eine Antwort geben, die genial danebenliegt, als gar keine.

Wortspiele – im wahrsten Sinne

Der Wortschatz ist ein tolles Spielzeug, alle haben ihn immer bei sich. Warum spielen Sie nicht einfach mal drauflos?

Wenn man schon einen Golf GTI mit 250 PS fährt, dann ist es doch schade, nur 25 PS davon auf die Straße zu bringen. Der große Duden in zehn Bänden hat mehr als 200.000 Stichwörter unter der Haube, davon benutzen wir die wenigsten: Der gebräuchliche Wortschatz umfasst etwa 70.000 Wörter, der aktive Wortschatz liegt zwischen 12.000 und 16.000 Wörtern, und mit einem Grundwortschatz von ungefähr 1000 Wörtern kann man sich im Alltag schon ganz gut durchschlagen. In bestimmten Stadtteilen Berlins reicht dazu sogar eine zweistellige Anzahl Wörter. Hier sprechen die PS eine eigene Sprache.

Auch beim Schreiben machen sich wenige Wörter besonders breit. Wenn man schriftliche Publikationen statistisch untersucht, stellt sich heraus: Von den über 200.000 Wörtern des großen Dudens sind es nur etwa 200, die die Hälfte der gesamten Textmenge ausmachen. Und nur etwa 30 von diesen 200 Wörtern füllen bereits etwa 30 Prozent der Textmenge. Diese 30 häufigsten aller Wörter sind: die, der, und, in, zu, den, das, nicht, von, sie, ist, des, sich, mit, dem, dass, er, es, ein, ich, auf, so, eine, auch, als, an, nach, wie, im, für. Was wäre, wenn wir alle anderen Wörter einfach mal weglassen? Wie weit käme man als Autor? Ich habe es ausprobiert und eine Geschichte geschrieben, die exakt aus den 30 häufigsten Wörtern besteht. Meine 30-Wörter-Geschichte ist eine dramatische Lovestory, die im Hochadel spielt, von Betrug und Trennung handelt und leider ohne Happy End auskommen muss. Dafür reichten die Wörter nicht ganz aus. Aber lesen Sie selbst:

Der kurze Roman der 30 häufigsten Wörter

»Als ich ein von und zu. Für im er, eine sie. Dass in des, nach dem die es sich, auch mit an der den. So nicht. Auf!«

Mich würde natürlich brennend interessieren, welche lustige 30-Wort-Geschichte Ihnen mit den Top-30-Wörtern einfällt. Ich freue mich über Ihren Vorschlag!

Jetzt geht es in die Vollen. Versuchen wir mal, unseren Wortschatz in aller Breite auszuschöpfen: zum Beispiel mit dem Kategorien-Spiel. Das Kategorien-Spiel ist eine Abwandlung von »Stadt, Land, Fluss«. Sie brauchen allerdings weder Zettel noch Stift, weshalb es gut geeignet ist für Spaziergänge und Autofahrten. Die Aufgabe ist, in einer frei gewählten Kategorie wie »Automarken« zu jedem Buchstaben von A bis Z ein Wort aus Ihrem mentalen Lexikon zu finden: also Audi, Bentley, Citroën, Daihatsu, und bei E muss ich selbst schon googeln (machen Sie mal, Sie werden sich wundern). Spannend wird es, wenn Sie alle Standardkategorien wie Automarken, Eissorten, Schauspieler, Hauptstädte und Kinofilme durch haben. Dann nämlich denken Sie sich persönliche Kategorien aus wie: gemeinsame Freunde, Beschäftigungen fürs Wochenende, Vornamen zukünftiger Kinder und geheime Leidenschaften. Glauben Sie mir: Bei solchen persönlichen Kategorien kommt mehr zutage als ein verborgener Wortschatz. Und nur die wirklich Fortgeschrittenen spielen das Kategorien-Spiel in der Kategorie Kategorien. Viel Vergnügen.

Ein anderes sensationelles Spiel für lange Autofahrten ist das Gegenteil-Spiel, ersonnen von Sebastian Dörnemann. Das Gegenteil von schwarz ist weiß. Aber was ist das Gegenteil von Gottschalk? Teufelsanöder! Und genau das ist die Idee des Spiels: das Gegenteil von Namen erfinden. Aus Adam-Schwätzer wird Eva-Schweiger. Aus Schröder-Köpf wird Merkel-Füß. Aus Sonja Zietlow wird Schattnein Drückhigh. Aus Moritz Bleibtreu wird Max Gehfremd. Und aus Olli Bierhoff wird Stan Weinzweifler. Jetzt sind Sie dran. Schnappen Sie sich einfach die nächste *Bunte* oder *Gala*. Und los gehts.

Sprechen Sie eine Zeitsparsprache? Falls nicht, könnte Sie die folgende Story interessieren: Einmal im Jahr verleiht das Informationszentrum Mobilfunk e.V. einen »Jugend forscht«-Sonderpreis. Aus allen Bundesländern reisen die jugendlichen Preisträger nach Berlin und präsentieren ihre Forschungsarbeiten. Für mich als Moderator ist das immer ein großes Vergnügen, mit den kleinen Genies über ihre Ideen und Einfälle zu plaudern: zum Beispiel darüber, wie Mehlwürmer auf elektromagnetische Felder reagieren, wie weit man wirklich vom Fernseher entfernt sitzen sollte und ob Kirchturmspitzen geeignete Orte für Sendemasten sind. Und wenn ja, für welche Botschaften?

Eine Schülerin aus Hildesheim, Barbara Michalski, hatte sich mit den Auswirkungen moderner Kommunikationsmittel auf die Sprache beschäftigt. Den Talk eröffneten wir mit einem Experiment: Wie viele der gängigen SMS- und Chat-Abkürzungen aus dem Netzjargon würde das erwachsene Publikum entziffern können? Testen Sie sich selber mal. Was bedeuten: lol, wasa, 2l8 und wowimat? »lol« ist so was wie Lachen per SMS und steht für: laughing out loud. »Wasa« ist kein Knäckebrot, sondern eine Aufforderung: warte auf schnelle Antwort. »2l8« ist die kompakte Form von: too late. Und »wowimat« ist keine automatische Wahlurne für Volksentscheide in Berlin, sondern bedeutet schlicht und ergreifend: Wollen wir uns mal wieder treffen? Die wenigsten Zuschauer konnten alle Abkürzungen entschlüsseln. Und überhaupt: Was machen solche Abkürzungen mit unserer schönen Sprache? Ist das nicht der Ausverkauf der Hochkultur? Eine berechtigte These der Preisträgerin war, dass durch die Abkürzungen lediglich versucht wird, die Geschwindigkeit des Eintippens der Geschwindigkeit des Sprechens anzunähern. Das leuchtet ein.

Im Zeitalter moderner Medien befinden wir uns also in einem Wettrennen: eingetippte Sprache gegen gesprochene Sprache, SMS gegen Anruf. Noch hat die gesprochene Sprache eine Chance, das Rennen zu gewinnen. Allerdings nur, wenn sie sich ebenfalls verkürzt. Diese fixe Idee verfolgte uns auf dem

Weg ins Hotel. Und wir fingen an, in Abkürzungen zu sprechen. »Hahu« heißt in SMS-Deutsch: Habe Hunger; »Iau« heißt folglich: Ich auch. Und schon lief das Gespräch: »Wo-ge-wi-hi?«, »Zu-Mc-Do!«, »Oh-bi-ni-zu-Mc-Do«, »Al-an-Res-ha-scho-zu«, »Al-scho-zu?«, »Schau-do-ma-au-di-U, e-i-scho-glei-Mi-na«, »So-ei-Schei, na-gu, da-ge-wi-zu-Mc-Do«. Das Gespräch hätte ausgesprochen ausgesprochen lange gedauert. So waren wir noch vor Mitternacht bei McDonald's, und alle wurden satt. Seit diesem Abend sprechen wir bei uns zu Hause die Abkü-Spra, zumi, we-wi-ni-vi-Zei-ha, u-e-ma-ri-schne-ge-mu.

Es gibt übrigens einen lustigen Sprechtext, der nicht aus Abkürzungen besteht und dessen Inhalt trotzdem kaum zu verstehen ist. Lesen Sie den folgenden Text mal jemandem sehr schnell vor: »Mähen Äbte Heu? Äbte mähen nie Heu. Äbte beten.« Und dann fragen Sie hinterher: »Was glaubst du, welche Sprache das war?« Von Norwegisch bis Arabisch wird alles dabei sein. Der Text klingt fremd im Ohr, weil Äbte, die Heu mähen, kein sehr gängiges Gesprächsthema sind. Jedenfalls nicht mehr.

Sprache und Sprechen verändern sich. Und das nicht nur im Laufe der Zeit. Manchmal auch schlagartig, wenn jemand durch eine Tür tritt. Zum Beispiel ein Kellner. So manchem Gast eines teuren Restaurants würde der Froschschenkel im Halse stecken bleiben, hörte er des Obers Unterhaltung hinter den Kulissen. In der Küche fliegen verbale Fetzen. Da wird wild mit Wortbrokkoli um sich geschmissen. Ehrlich: Auf Veranstaltungen habe ich mich oft erschrocken, wie die Chefs ihre Servicekräfte an die Tische schicken. Da ist das Kampfgeschrei der Germanen in der Varusschlacht nichts dagegen. Wenn 200 Lammfilets in den Saal galoppieren, dann sollte man aus dem Weg springen. Die Flügeltür zwischen Gastraum und Küche trennt Welten, das ist eine echte Schwelle zwischen zwei Sprachräumen. Und hier meine ich nicht die großen geografischen Sprachräume, sondern die ganz kleinen. Täglich düsen wir durch Dutzende solcher Sprachräume: von der Wohnung ins Büro, zum Elternabend, auf den Sportplatz, zum Bankberater, ins Restaurant. Und je nachdem, in welchem Raum wir uns gerade befinden, sprechen wir eine andere Sprache – abhängig von der Rolle, die wir einnehmen, und den Absichten, die wir verfolgen. Peinlich kann es werden, wenn Menschen uns in einem Sprachraum sprechen hören, der eigentlich für sie verschlossen ist. Wenn ein Künstler die Bühne verlässt, dabei vergisst, sein Ansteckmikro auszuschalten und hinterm Vorhang flucht: »Meine Güte, was für ein lausiges Publikum«, dann war all die Mühe, die er sich zuvor gegeben haben mag, vergebens.

Ihren Wortschatz können Sie trainieren, indem Sie sich möglichst viele Sprachräume erschließen und mit möglichst vielen Rollen spielen. Die Sprachschwelle zwischen Küche und Esstisch können Sie zu Hause trainingsweise testen. Laden Sie Partner, Familie oder Freunde zum Mitmachen ein, und stellen Sie folgende Regel auf: »In der Küche darf mächtig geflucht werden, am Esstisch müssen alle ganz höflich sein.« Spannend wird sein, an welchem der beiden Orte das Dinner endet.

Gute Kenner und Beobachter von Sprachräumen sind Comedians. Sie benutzen Sprache, um sich innerhalb von Sekunden mit ihrem Publikum zu solidarisieren, indem sie einfach genau den Sprachraum betreten, in dem die Zuschauer zu Hause sind – oder zu Hause waren. Wörter wie »Ahoi-Brausepulver«, »Pril-Klebeblumen« und »Gummitwist« haben eine magische Wirkung, weil sie blitzartig Bilder und Emotionen einer gemeinsamen Vergangenheit entstehen lassen, zumindest bei einer Zielgruppe um die vierzig. Solche Comedy-Acts beginnen immer mit dem Satz: »Hey, erinnern Sie sich noch ...« Dann hagelt es ein Dutzend solcher Retrobegriffe und eine Handvoll Oneliner, und am Schluss wird noch kurz das Krümelmonster, ein Barbapapa oder John-Boy von den Waltons nachgemacht. Fertig ist die Nummer.

Ein besonders komischer – weil humorloser – Sprachraum, ist die deutsche Beamtenstube. Hier ist der Wortschatz eher ein Verbalgerümpel. Ein Baum ist ein raumübergreifendes Großgrün. Eine Ampel ist eine Lichtzeichenanlage. Die Vermittlung eines Kindes in eine Pflegefamilie ist eine Beelterung. Und in Mecklenburg-Vorpommern wurde sogar mal ein Rindfleischetikettierungsüberwachungsaufgabenübertragungsgesetz beraten. Wahrscheinlich beraten die immer noch. Aber auch aus solchem Beamtendeutsch kann man als Komiker Kapital schlagen. Denken Sie nur an den spießig-verklemmten Postbeamten Hans-Hermann Thielke.

Im wahrsten Sinne des Wortes nicht zu vergessen sind Komiker und andere lustige Personen, die es geschafft haben, sich mit einem einzigen Satz in unserem Wortschatz zu verewigen. Arnold Schwarzeneggers »Hasta la vista, baby!«, Rüdiger Hoffmanns »Ich weiß gar nicht, ob Sie es schon wussten?«, Trapattonis »Ich habe fertig«, Veronas »Da werden Sie geholfen« und Gina-Lisas »Zack, die Bohne!«: Das alles sind Aussprüche, die zum Markenzeichen des Sprechers geworden sind. Und das ist auch gut so.

Auch Jahre tragen verbale Markenzeichen. Das Wort »Finanzkrise« wurde von der Gesellschaft für Deutsche Sprache zum

Wort des Jahres 2008 gewählt, Unwort des Jahres 2008 wurden die armen »notleidenden Banken«. Für das Jahr 2009 wären »Guttenberg« und »Glos« gute Alternativen. Der Krisenwortschatz ist erheblich: Schutzschirm, Abwrackprämie, Rettungspaket, Kurzarbeit, Bad Banks. Ich warte nur noch auf ein Wörterbuch »Krise-Deutsch, Deutsch-Krise«. Und ich finde, wenn wirklich jemand einen Schutzschirm verdient hat, dann die deutsche Sprache. Teilverstaatlicht ist sie ja schon. Sapperlot.

Aus aktuellem Anlass alles auf A

Not macht erfinderisch: Geschichten von A bis Z, bei denen jedes Wort mit demselben Buchstaben beginnt.

Beim kreativen Denken gibt es ein wirklich paradoxes Phänomen. Auf der einen Seite geht es darum, sich völlig frei zu machen im Kopf. Auf der anderen Seite braucht das Gehirn konkrete Einschränkungen, um kreativ auf Touren zu kommen. Kleiner Test: »Sagen Sie mal irgendeinen Satz, ganz egal, welchen!« Das ist viel schwieriger, als wenn ich Sie auffordere: »Sagen Sie mal einen Zungenbrecher!« Dann fällt Ihnen sofort Fischers Fritze ein oder Blaukraut bleibt Blaukraut. Noch gemeiner ist, wenn ich zu Ihnen sage: »Haben Sie mal bitte eine gute Idee, und zwar jetzt!« Dann passiert gar nichts. Denn das Erste, was Sie für eine gute Idee brauchen, ist ein gutes Problem – Not macht erfinderisch.

Ein gutes Problem ist zum Beispiel, wenn ein Filmemacher einen Film drehen soll, der nur eine einzige Sekunde dauert. Das ist eine Einschränkung, die kreative Köpfe zum Sprudeln bringt. Am 27. Februar 2009 kürte das »kürzeste Kurzfilmfestival der Welt« in Berlin seine Gewinner. Auch die Jurysitzung war die kürzeste der Welt: einmal mit dem Lift den Fernsehturm hoch und wieder runter, und die Entscheidung war gefallen. Der erste Preis ging an Nicolas Klein. Sein Werk zeigt eine Pizza, die in Sekundenbruchteilen vom Teller verschwindet. Der Clou an der Sache: Der Ein-Sekunden-Film ist auf Supermotion produziert, einer Art moderner »Wackelkarte«. Das müssen Sie sich vorstellen wie eine Postkarte, auf der ein Film abläuft. Bei dem Pizzafilm ist der Teller durchs »Wackeln« plötzlich wieder voll, und der Film startet erneut. Titel des Streifens: »All you can eat.« Die geniale Idee zum »kürzesten Kurzfilmfestival der Welt« stammt übrigens von Olaf Hartmann und Hans Peter Albrecht. Die beiden haben ein wirklich gutes Problem in die Welt gesetzt. Welche Story würden Sie in nur einer Sekunde erzählen?

Und wie würden Sie das Wort »Gehirn« umschreiben, ohne dabei die fünf Wörter »Kopf, Denken, Zellen, Gedächtnis, Körperteil« zu benutzen? Auch das ist ein gutes Problem. Dieses Problem ist sogar so gut, dass sich das Partyspiel Tabu über 13 Millionen Mal verkaufte. Ganz offensichtlich: Man kann Geld damit verdienen, dass man anderen Menschen kreative Verbote erteilt. (Das denke ich bei jedem Strafzettel, den ich überweise.)

Eine gute Einschränkung ist auch, wenn Sie eine Geschichte erzählen sollen, bei der jedes Wort mit ein und demselben Buchstaben beginnt. Ein Klassiker ist der Ein-Buchstaben-Sketch von Heinz Erhardt, ausgestrahlt 1958 in der Sendung »Darf ich mal reinkommen« im NDR. Erhardt ließ sich aus dem Publikum einen Buchstaben zurufen und spielte dann mit Kollegen eine Szene, in der tatsächlich jedes einzelne Wort mit diesem einen Buchstaben begann, in diesem Fall ein »G«. Die Einschränkung machte den Sketch zu einer kreativ-komischen Meisterleistung: »Geliebte Gisela, geliebter Gregorius, gute Gelegenheit, Gatte ging ...«

Sie müssen allerdings nicht Heinz Erhardt sein, um komische Ein-Buchstaben-Geschichten zu erfinden. Beim Autofahren, in Warteschlangen, beim Joggen: Immer und überall können Sie mit der Ein-Buchstaben-Geschichte Kreativität und Wortschatz trainieren. Oder kommen Sie einfach in meine Show, da improvisiere ich gemeinsam mit dem Publikum Geschichten auf einen Buchstaben. Hier eine kleine Auswahl von A bis Z:

A ADAC adelt alle Abgeordneten. Alles ausgesprochen akkurate Autofahrer, außer Außenminister. Aufruf an alle: Ariel anwenden, Anzug aufbügeln. Athletisch auf Abba abhotten. Aber Alkohol absagen.

B Bauer betet: »Bitte Bier!« Bärbel bringt Bier. Bergsteigend bekam bayerischer Bauer Bierbauch. Bleib bitte, bullige Bärbel, bleib! Brate bitte Berliner Buletten bis Berliner Buletten Bayern bedecken!

C Chinesen checken Clintons Cockpit, codieren Computer chaotisch. Computer collagiert christliche Choräle: »Cooler Cowboy cremt Chiemsee Chicken chic.« Charmant, charmant. Currywurst?

D Der Depp düst durchs Dorf. Dabei dackelt die Dackeldame durch die Dorfstraßen. Dummerweise direkt dem Deppen die Durchfahrt durchquerend. Dementsprechend drechselt der Depp die Dackeldame durch den Dieselmotor. Dumm das.

E Ein Elefant erwägt eine Eheschließung. Ehe eine Ehe erfolgt, erst einmal eine Ehefrau ergattern. Elefant erspäht elf erlesene Elfen. Er entscheidet entschlossen. Ergebnis: Elfe Elfriede ehelicht Elefanten, erbt eimerweise Elfenbein.

F Familie flaniert froh fern Frankfurter Flughafen. Fantastisches Fleckchen. Flugenten fördern Fantasie. Fluglärm, Flugenten

flüchten, Flugzeug flambiert fliehender Flugenten Federflaum.
Familie flucht.

G Gestern ging große gelbe Giraffe golfen. Gemein grinste gieriger Gorilla gegenüber. Giraffe golfte göttlich, gewann gegen Gorilla, gewann Gold. Gorilla ging grummelnd gen Genua. Gute Geschichte, gell?

H Heinz haut Handkante hinter Hansens Hut. Hiernach Hans halluziniert: »Hundert hotte Hasen heiraten, Hasen hüpfen hoffnungsvoll heimwärts, Hasens Herrchen haben hundert Hefeweizen herbestellt.«

I Irre Idee: Ikea inseriert Impfungen. Internist impft Interessierte, Income ist immens. Impfers Intention ist Immobilie: idealerweise immergrüne idyllische Insel in Indien, inklusive italienischem Interieur. Indiens Imperator ist irritiert, ignoriert irren Impfer.

J Jahrelang jagte Jäger Jörg jähzornigen Jaguar. Juckpulver justieren, Jaguar jodelt. Jäger Jörg jongliert jovial jubilierend Jägerschnitzel, jodelt jämmerlichen Jazz. Jux-Juwele! Jury jubelt: Jackpot. Jetzt Jahresurlaub, jederzeit Jamaika, Juni Jakarta, Juli Japan. Jörg johlt: juhu.

K Kerstin knuspert krümelnd Kekse. »Keine Kunst«, kichert Kerstin kauend. Kaum kommt Karl, kredenzt knabbernde Kerstin Kopfstand. »Knorke!«, kokettiert Karl, klatscht kurz Kadenzen. Kerstin kämpft, kullert kellerwärts. Karl krümmt kichernd Körper, köpft Krimsekt. Karl küsst Kerstin.

L Lisa latscht lautlos lieblose Landstraßen lang. Libelle lacht. Löwenzahn leuchtet. Laubfrosch lutscht Latschenkiefer. Lisa läuft landauf, landab, lässt lustiges Lieblingslied lauten: »La le lu ...«. Lerche lobt Lisa.

M Mutige Mitbürger mieten meinen miesen Manta mit mutigem Muster monatelang mit meiner Mutter Monika. Mutter macht mittags Milchnudeln mit Mandeln, Mehl, Marzipan. Mancher möchte mitmachen! Mich macht meine Mutter mittelfristig meschugge.

N Neben neuen Nachbarn nutzen Neurotiker Nähmaschinen. Nachts nähen Neurotiker Nappaleder. Neue Nachbarn nun nervös, nuscheln: »Nähmaschinen nützen nichts, Nussbaum nachpflanzen.«

O Obwohl Oma Ostern Ostereier organisierte, orderte Opa offenherzige Oberschwestern. Oft organisiert Opa Oben-ohne-Observationen, obwohl Oma opponiert. Opa ordert Ohrenstöpsel.

P Perfekte Party: Prominenter Partygast plaudert pausenlos. Peinlicher Politiker predigt Planwirtschaft. Prahlender Produzent präsentiert pubertierende Partygirls. Palim, palim. Polizei plant Passkontrolle.

Q Quasselstrippe quält Quakfrosch. Querköpfiger Quakfrosch quittiert Quälerei quietschend, Quakfrosch quäkt. Querschläger quetschen Quitten Quark. Quark quillt. Quatschige Querelen, qualitätslos!

R Rudi radelt rückwärts Richtung Russland. Rechts rangiert Rita regelwidrig Richtung Rosenbeet. Rudi rammt Rita. Rums. Rudi ruft rasch Rettungswagen. Richtig reagiert, Rudi! Retter reanimieren Rita.

S Supermann strickt sonntags summend seine Socken. Seine Schwester sagt: »Soso, sonst strickt Superfrau solche Sachen.« Seit Supermann sich seine schicken Socken selber strickt, sind seine Socken stets streifenfrei. Sagenhaft.

T Tierisch tolles Theater tobt. Tigertanga tragende Tänzerinnen trinken Tequila. Tausend trübe Tassen tanzen Tango, Trauermärschen trotzend. Trotz trendigem Tourbus trödelt Travestietänzer.

U Unsere uralte Urgroßtante unternimmt unter unglaublichen Umständen und unter unsagbaren Unkosten unvergessliche Urlaubsreisen und untersucht ungestört und unermüdlich unsere Urwälder.

V Verflucht: Viele Vögel vertilgen Vollkornbrot von Veranda. Vielleicht verjagt verzerrter Vokal verfressene Vögel. Von vierzig Vikaren verlassen vier vorzeitig Vesper. Vokale verjagten verstimmte Vikare.

W Wegen weltweiter Witzarmut wird Willi wehmütig, wandert weit weg, wächst wild weiter, wird wunderheilender Wanderprediger. Weitergehend wird Willi Weltreligionsgründer. Willi will's wissen. Wie's weitergeht? Wer weiß!

X X-mas x-trem: x-beinige Xanthippe x-t Xantener Xylofonisten.

Y »Yeah, yeah, yeah: Yps, Yps, Yps, Yps, Yps, Yps, Yps, Yps, Yps, Yps, Yps, Yps.«
(Freude der Beatles über eine Jahresausgabe der Jugendzeitschrift *Yps* mit Gimmick)

Z Zauberer zog zum Zahnarzt. Zahnarzt zieht Zähne zart. Zauberer zum Zahnarzt: »Zack, zack, Zeitnot!« Zahnarzt zieht Zähne zügiger. Zehn Zähne zerbröckeln. Zerknirschter Zauberer zerlegt Zahnarztpraxis. Zivilklage!

Aus aktuellem Anlass alles auf A

Wie Giraffen zu grünen Bärten kommen

Drei praktische Übungen, die Ihr Talent im Improvisieren fördern – oder das Ihrer Freunde und Kollegen.

Das wichtigste Jahr in der Geschichte menschlicher Kommunikation war – vermutlich – das Jahr 1969. Da betrat Neil Armstrong als erster Mensch den Mond und sprach die berühmten Worte: »That's one small step for (a) man ... one ... giant leap for mankind.« Damit hatten die Amerikaner bewiesen: Man kann jemanden auf den Mond schießen, aber das Gequatsche hat trotzdem kein Ende. Oder wie Paul Watzlawick etwa zur gleichen Zeit formulierte: Man kann nicht nicht kommunizieren. Auch ohne Worte kommunizieren wir durch unser Verhalten. Ständig. Sogar zwischen Ihnen als Leser und mir als Autor besteht so ein magischer Austausch von Botschaften. Ob Sie wollen oder nicht, Sie kommunizieren mit mir. Ich sende Ihnen schlaue Sätze. Und Sie reagieren. Ich spüre das ganz genau, ich empfange Ihre Botschaften. Wenn Sie weiterlesen, heißt das: »Das Buch ist super.« Wenn Sie nicht weiterlesen, heißt das: »Das Buch ist super. Ich mache nur mal kurz Pause.«

Wie sinnvoll aber nutzen wir unsere Fähigkeit zu kommunizieren? Wenn zwei Menschen miteinander reden, dann läuft das häufig nach dem Schema ab: Satz, Satz, Satz, Satz, Sieg. Man ballert sich Argumente an den Kopf, und am Schluss will man Recht haben. Das ist ein ziemlich dämliches Muster menschlicher Kommunikation, weil es beide Seiten nicht wirklich weiterbringt. Reden Sie lieber mal nach dem Schema: Wort, Wort, Wort, Wort, Witz. Diesem Schema folgt eine wunderbare Übung aus dem Impro-Theater. In dieser ersten Übung geht es darum, gemeinsam eine Geschichte zu erzählen. Dabei nennt jeder abwechselnd immer nur das eine nächste Wort. Ich sage »Giraffen«. Sie sagen »haben«. Ich sage »grüne«. Sie sagen »Bärte«. Und schon haben Giraffen grüne Bärte. Bei zwei Mitspielern entwickelt sich die Geschichte im Pingpong, bei mehreren läuft sie im Kreis. Am Ende hatte keiner Recht, aber alle hatten Spaß. Und noch viel wichtiger: Die Mitspieler haben trainiert, nicht auf einer starren Position oder in Erwartungshaltung zu verharren, sondern das Angebot der anderen Mitspieler anzunehmen und weiterzuführen. Und genau das ist die Philosophie des Impro-Theaters: Angebote machen und Angebote annehmen. Nehmen Sie doch einfach mal an, dass Ihr Gegenüber Recht hat – und spinnen sie dessen Vorschläge und Gedanken weiter. Dann endet ein Gespräch viel wahrscheinlicher mit einer Lösung als in einem Konflikt.

Vorschläge und Gedanken weiterspinnen, das ist auch auf der Suche nach neuen Ideen eine der wichtigsten Voraussetzungen. Jeder weiß das. Keiner tut das. Meine Erfahrung ist: Sogar in sogenannten Brainstormings werden Vorschläge und Gedanken häufiger abgeblockt als aufgegriffen. Im schlimmsten Fall sorgt der Chef gleich zu Beginn für die Blockade: »Herzlich willkommen zum Brainstorming. Also dann mal los mit den Ideen. Aber bitte nur solche, die auch funktionieren.« Das funktioniert natürlich überhaupt nicht. Liebe Chefs, statt einer solchen Begrüßung empfehle ich Ihnen ein kurzes zwei- bis dreiminütiges Warm-up, um das Eis zu brechen und die Gedanken zum Fließen zu bringen. Zum Beispiel die Übung »Kopf auf«: Das Team stellt sich kurz im Kreis auf, und jedes Teammitglied muss einmal in die Mitte und den »Kopf aufmachen«. Diesem Mitdenker in der Mitte werden reihum beliebige Begriffe zugerufen. Die Aufgabe ist, sofort mit einer Assoziation zu antworten, und zwar »Kopf auf«, also spontan und ungefiltert. Natürlich kommt dabei auch eine Menge Quatsch zustande. Umso besser. Bei guten Brainstormings ist es der Quatsch, der als Sprungbrett zur genialen Idee dient. Das Wertvolle an der Übung ist, dass hier jeder einmal die »Bewertungsschranke« öffnen, frei assoziieren und dabei auch Schwächen zeigen darf. Sogar der Chef. Das anschließende Brainstorming wird dann umso stärker.

Schnelles Assoziieren ist ein bisschen wie Autofahren. Man versucht so schnell es geht, von einem Ort zum anderen zu gelangen – und benutzt dabei fest angelegte Wege und Straßen. Beim Assoziieren bewegen wir uns ebenfalls auf fest angelegten Wegen – und zwar durch unser semantisches Netzwerk. Wir denken den kürzesten Weg von Hammer zu Nagel, von Schwarz zu Weiß, von Teller zu Tasse, von Tasse zu Kaffee zu Milch zu Zucker zu Würfel. Aber Vorsicht: Allzu festgelegte Wege im Denken können uns natürlich auch behindern. Mehr dazu lesen Sie im vierten Kapitel, wenn es um die Lust auf neue Ideen geht. An dieser Stelle möchte ich Ihnen vorab eine Übung zeigen, die Assoziationen aufbricht. Es geht hier um Assoziationen zwischen dem, was wir tun, und dem, was wir sagen. Die Übung zielt darauf ab, mal etwas ganz anderes zu sagen, als Sie gerade tun. Okay, einige Mitmenschen sind darin schon sehr geübt. Alle anderen können sich einen Spielpartner suchen und loslegen. Die Übung heißt: »Was tust du?«, und die beiden Spielpartner sind in diesem Fall Sie und ich:

Ich beginne mit einer kleinen Pantomime und tue so, als würde ich mir die Zähne putzen. Sie fragen mich: »Was tust du?«, und ich antworte: »Ich mähe Rasen!« Diese Antwort greifen Sie auf und starten Ihrerseits eine entsprechende Pantomime: Sie tun so, als würden Sie Rasen mähen. Ich sehe mir das an und frage neugierig: »Was tust du?« Daraufhin antworten Sie irgendwas, was Ihnen gerade in den Sinn kommt, aber eben nicht Rasenmähen. Zum Beispiel: »Ich schlage ein Ei auf!« Diese Antwort greife ich auf und tue so, als würde ich ein Ei aufschlagen. Woraufhin Sie mich fragen: »Was tust du?«, und ich dann meinerseits etwas Beliebiges antworte, was mir gerade in den Sinn kommt. Wenn dieser Ablauf sitzt, wird das Tempo gesteigert, und die Sache wird immer lustiger. Und irgendwann mittendrin, wenn Ihr Mitspieler wieder mal fragt: »Was tust du?«, dann können Sie antworten: »Ich mache Liegestütz!« Ihr Mitspieler muss diese Antwort aufgreifen. Und Sie können sich das dann erstmal sehr, sehr lange anschauen, bis Sie Ihre Frage stellen.

Was uns Sprache sonst noch zu sagen hat

Ein Lob auf Kalauer, Anagramme, Friseure und sonstige Sinnstifter.

»Danke Föhn.« Im Frühling 2009 traute sich mal wieder eine große deutsche Marke, nämlich Nivea, einen anständigen Kalauer zu plakatieren. »Danke Föhn.« Zwei Wörter feiern ein verbales Schaumfest, auf Postern und Plakaten, fröhlich und unbeschwert. Es lebe die Doppeldeutigkeit, es lebe der Kalauer. Ein Kalauer übrigens, das sind die Buchstaben A, B, C, D, E, F, G, H, I und J. Und warum? Weil die auf das K lauern! »Danke Föhn.« Was Nivea darf, das dürfen wir auch: Kalauer raushauen, Spaß haben an Plattheiten, und in den Dialog treten mit elektrischen Hausgeräten. »Danke Föhn.« Dass Menschen mit ihrem Föhn sprechen, ist ja nicht neu. Schon Otto Waalkes besang eine gewisse Susi Sorglos, die von ihrem Föhn in einen Smalltalk verwickelt wird. Der Föhn verspricht, sich in einen Prinzen zu verwandeln, wenn Susi ihn küsst. Susi küsst ihn. Und er verwandelt sich – in einen Rasierapparat. »Na danke, Föhn.« Aber vielleicht lässt sich Nivea-Schaumfestiger ja auch auf Männerbärten anwenden.

Seit dieser Nivea-Kampagne hege ich eine heimliche Vermutung: Die komplette Branche der Haarpfleger und Haarschneider hat sich auf einem konspirativen Treffen verpflichtet, nur noch Schnittlauch zu essen, auf Ponys zu reiten und mit Kalauern zu werben. Keine 50 Meter von meiner Wohnung entfernt der erste Beweis: »Verlocken Sie mit verlockenden Locken.« Wenige Meter daneben: »Lieber eine ausgefallene Frisur als ausgefallene Haare.« Wem ist denn da das Gehirn ausgefallen? Weitere Recherchen führten mich nach München. Dort lebt Nicolai des Coudres. Er ist Entertainer und Erforscher kultureller Phänomene. Und mein Trauzeuge. Nicolai sammelt Namen und Fotos von Frisiersalons. Seine Kollektion belegt ohne jeden Zweifel: Glatzenschneider sind die unangefochtenen Meister des Kahl-Auas. Hier eine kleine Auswahl seiner verbalen Fundstücke: »Salon Hairlich«, »Hauptsache Haare«, »Schnittstelle«, »Toupet or not toupet« und »Kaiserschnitt«. So entstehen Kopfgeburten.

Frisiersalons werden Ihnen ab sofort ins Auge springen, da bin ich mir ganz sicher. Aber auch sonst lohnt sich die Jagd auf Kalauer. Denn jede weitere Bedeutung, die Sie in einem Wort, einem Satz oder einer Redewendung entdecken, ist ein gefundenes Fressen für Ihren Wortschatz. Und wenn es eine menschliche Fähigkeit namens Humor wirklich gibt, dann ist es doch, überraschende weitere Bedeutungen zu entdecken, die von der

Diktatur der einen offensichtlichen Bedeutung ein bisschen befreien.

Warum stehen Vorsitzende, und das auch noch hinter ihren Leuten? Warum laufen Nasen und Füße riechen? Sollte man ein Bad einlaufen lassen, wenn es zu groß ist? Kann man zur vollen Stunde nüchtern sein? Wie schlagen Blitze ihren Weg ein? Ist Eisbrechern vorher schlecht? Und warum standen die Skifahrer an den Hängen und Pisten?

Manchmal produzieren wir auch selbst schräge Bedeutungen und merken es nicht mal. Die Mutter zu ihrem Kind: »Man isst nicht mit vollem Mund.« Die Frau zu ihrem Mann: »Schatz, du hast Rinder unter den Augen.« Und die Merkel zu einem guten Parteifreund: »Lieber Roland Kotz.« So gesagt am 1.12.2008 auf dem Parteitag in Stuttgart.

Wir versprechen uns, wenn wir beim Formulieren eines Gedankens nach einem passenden Wort suchen, in unserem mentalen Lexikon stöbern, aber knapp daneben greifen. Das ist so, als würden Sie im Halbdunkel in einen Tennisball beißen. Man kann Ihnen deshalb nicht unbedingt unterstellen, dass Sie kein Obst mögen. Auch Merkel mag ihren Parteikollegen. Aber natürlich sind Versprecher ein traumhaftes Betätigungsfeld für Analytiker der menschlichen Psyche.

Noch schöner, als sich versehentlich zu versprechen, ist natürlich, sich absichtlich zu versprechen. Ihr ganzer Alltag wird abrechnungsweiser, wenn Sie ab und zu die Wechselstaben verbuchseln: Wenn Sie morgens ein Üsli messen und einen Mecher Bilch trinken, wenn Sie mit dem Stippenlift hoch ins Büro fahren, allen Kollegen mittags mal eine Gutzeit wünschen, bis Feierabend gute Braune verleiten und abends vergnügt ins Kettchen brabbeln. Lacht doch Maune, oder? Und sobald Sie die Kunst des Sichversprechens beherrschen, trainieren Sie bitte die Kunst des Sich-Verhörens. Das lohnt sich wirklich! Denn wer diese Kunst beherrscht, kann Menschen in den Wahnsinn treiben: »Würden Sie bitte die Party verlassen!«, »Gern kann ich die Smarties vernaschen.«

Auch in den nächsten vier Kapiteln werden wir nach Bedeutungen jagen und dabei fette Beute machen. Ein letztes Thema allerdings möchte ich an dieser Stelle noch verschiefen, pardon vertiefen: Anagramme. Ein Anagramm ist die Umstellung von Buchstaben zur Bildung eines neuen Wortes. Beim Durchmischen und Durchrütteln der 11 Buchstaben von »Denken hilft« habe ich herausgefunden, dass mein Buchtitel auch auf dem Fußballplatz Sinn macht. Die folgende Geschichte dient als Beweis:

Denken hilft beim Fußball

Ein Fußballtrainer dachte sich:	Denken hilft.
Drum bat er seinen Masseur:	Knetend hilf.
Und der Masseur, der ...	dehnte flink.
Und rief der Mannschaft zu:	Hinkend elft!
Und rief den Gegnern zu:	Kniend fleht!
Dann fiel ein Spieler aus,	hin denkt elf!
Nur weil ihm Frau und ...	Kind fehlten,
steckten sie ihn in den Knast,	den Heft link.

Und falls Sie sich jetzt noch fragen, was sich eigentlich Jürgen Klinsmann gedacht hat, nachdem er im Frühling 2009 von den Bayern gefeuert wurde: Auch hierzu erteilen Anagramme Auskunft. Sie müssen JUERGEN KLINSMANN nur noch ein bisschen kräftiger rütteln und schütteln als seinerzeit Uli Hoeneß, dann erhalten Sie die Antwort: JA GRINSEN, MELK NUN.

2. KAPITEL

Mehr merken mit Bildern im Kopf

Rudi Carrell, die alten Griechen und der IKEA-Katalog

Die Geschichte der Gedächtniskunst und die Psychologie sinnloser Silben.

»Am laufenden Band«: So hieß die legendäre TV-Show von Rudi Carrell, die zwischen 1974 bis 1979 insgesamt 51-mal gesendet wurde – und Carrell zu einem der beliebtesten Showmaster im Deutschen Fernsehen machte. Im Finale der Show musste sich ein Kandidat möglichst viele Gegenstände merken, die auf einem Laufband vorbeizogen. Was er behielt, durfte er behalten. Ein ganz einfaches Konzept – aber unglaublich erfolgreich. Millionen Zuschauer fieberten mit. Ich selbst auch, als kleiner Knirps mit großen viereckigen Augen. Jedes Mal habe ich mich gefragt: »Verdammt nochmal, da muss es doch einen Trick geben, wie man sich so viel merken kann!?«

Fast 30 Jahre später hat Günther Jauch das legendäre laufende Band noch einmal entstaubt und vor die Kamera geholt: in der »RTL-Grips-Show« 2002. Endlich wurden die Gedächtnistricks verraten, mit denen die Kandidaten von Rudi Carrell abgeräumt hätten. Verona Pooth merkte sich in der Livesendung eine lange Wortliste ohne Probleme. Carrell selbst war Stargast. Und auch ich war als Gehirnakrobat und Rückwärtssprecher eingeladen, um meine »Banananennummer« zu präsentieren. Bei dieser Nummer vertilge ich genüsslich eine Banane und spreche dabei rückwärts. Die Szene wird anschließend andersherum abgespielt. Und schon ist zu sehen und zu verstehen, wie man eine Banane produziert: Sie kommt Stück für Stück wieder aus meinem Mund und setzt sich zu einem perfekten Stück Obst zusammen. Die »Grips-Show« war ein großer Erfolg, denn spätestens seit »Wer wird Millionär?« war der große Hype um die Themen Wissen und Gedächtnis ausgebrochen. Die Geheimnisse der Gehirnakrobaten machten Millionenquote.

Aber unter uns: Mit denselben Gedächtnistricks haben schon die alten Griechen ihre Reden auswendig gelernt. Und die hatten nicht mal einen Telefonjoker. Wenn die alten Griechen Probleme mit ihrem Gedächtnis hatten, dann haben sie einfach die zuständige Göttin angerufen – Mnemosyne. Der griechischen Mythologie nach hat Zeus mit Mnemosyne die neun Musen gezeugt. Das verrät uns, welch große Bedeutung dem Gedächtnis zugemessen wurde. Und das vollkommen zu Recht: Was habe ich von einer schönen Melodie, wenn ich die einzelnen Töne vergesse? Was habe ich von einem Vers, wenn ich an dessen Ende nicht mehr weiß, wie er begonnen hat? Der fruchtbaren Mnemosyne jedenfalls ist es zu verdanken, dass die Methoden der Gedächtniskünstler auch »Mnemotechnik« genannt werden. Dieses Fremdwort schreibt sich, wie die Göttin selbst, tatsächlich mit »Mn« – nur für den Fall, dass Sie mal mit Insiderwissen glänzen möchten.

Die Mnemotechnik war in der Antike ein fester Bestandteil der Rhetorik. Alle großen Redner haben mit ihrer Hilfe lange Vorträge auswendig gelernt. Und heute? Heute dürfen Menschen öffentlich reden oder sich im TV produzieren, ohne sich einen einzigen Satz merken zu können. Es gibt Teleprompter, Videomonitore oder kleine Lautsprecher im Ohr. Vor gut 2000 Jahren brauchte man für diesen Job noch ein funktionierendes Gehirn.

Der Top-Redner im alten Rom hieß Marcus Tullius Cicero: Konsul, Philosoph, Rampensau. Cicero war ein Meister der frei geschwungenen Rede. Und schon zu seiner Zeit war es üblich, als Vortragskünstler auch Bücher zu schreiben. Cicero verfasste etwa 50 v. Chr. das Werk »De oratore«, was übersetzt so viel heißt wie »Über den Redner«. Darin finden sich Tipps und Tricks für eine ausgefeilte Rhetorik ganz ohne PowerPoint. Vor allem aber schildert Cicero, wie der Legende nach die Mnemotechnik erfunden wurde. Und diese Legende führt uns zum Kern der Gedächtniskunst:

Cicero berichtet vom griechischen Dichter Simonides. Der wird bei einem großen Festmahl kurz aus dem Saal gerufen. Kaum steht er vor der Tür, kracht hinter ihm der ganze Saal zusammen. Simonides ist der einzige Überlebende. Alle anderen Gäste sind bis zur Unkenntlichkeit verstümmelt. Niemand kann sagen, wer wo unter den Trümmern liegt. Die Leichen können nicht identifiziert werden, weil keiner weiß, wer wirklich alles im Saal war. Böse Geschichte. Einzig und allein Simonides könnte Auskunft geben. Aber die Chancen dafür scheinen gering. Das Wunder gelingt trotzdem. Simonides konzentriert sich – und erinnert alle Gäste und deren genaue Position im eingestürzten Saal. Wie war das möglich? Simonides hatte sich das Bild des Raumes ins Gedächtnis gerufen, diesen Raum im Geiste abgeschritten und dabei alle Gäste mental wieder zum Leben erweckt. Eine reife Leistung dank bildlicher Vorstellungskraft. Merken Sie was? Diese Legende um die Entstehung der Gedächtniskunst ist ein so starkes Bild, eine so blutrünstige Geschichte, dass man sie kaum wieder vergessen kann. In der Legende selbst kommt die Methode schon zur Anwendung.

Die Denktechnik des Simonides wird heute als »Loci-Methode« bezeichnet und in jedem Gedächtnistraining vermittelt: Man stelle sich einen Raum vor, definiere in diesem Raum eine Route und platziere entlang dieser Route die Informationen, die man sich merken möchte – und zwar in möglichst bildlicher Form. Wir werden in diesem Kapitel noch einmal darauf zurückkommen.

In der Antike war die Mnemotechnik eine echte Innovation. Man hatte ja noch keine USB-Sticks oder andere digitale Speichermedien, und selbst der Buchdruck sollte erst 2000 Jahre später erfunden werden. Wohin also mit dem ganzen Wissen? In den Kopf! Die Mnemotechnik machte es möglich, eine große Menge an Informationen sicher abzuspeichern – und wieder abzurufen. Mit dem Untergang des Römischen Reiches allerding ging auch die Mnemotechnik für viele Jahrhunderte verloren. Welche Ironie des Schicksals: Ausgerechnet die Gedächtniskunst wurde vergessen. Erst im späten Mittelalter tauchte sie wieder auf. Gaukler führten ihre Gehirnakrobatik einem verblüfften Publikum auf dem Jahrmarkt vor. Cicero hätte sich im Grabe umgedreht. Denn statt die Gedächtniskunst zu lehren, wurde sie als Geheimwissen gehütet. Visualisieren und Assoziieren? Teufelswerk! Verraten wurden die Tricks nur vom Meister an den Schüler, oder in Zauberbüchern. Und in einem solchen habe auch ich die Mnemotechnik entdeckt – das Buch trug den Titel »13 Stufen zur Mentalmagie«.

Unser mentaler Speicher war eine dunkle Kammer, bis 1885 ein deutscher Psychologe anfing, das Gedächtnis empirisch zu erforschen: Hermann Ebbinghaus. Von Neugierde getrieben hat er stundenlang Listen sinnloser Silben auswendig gelernt. Und das nur, um herauszufinden, wann er sie wieder vergessen hat. Sie müssen sich das vorstellen! Der arme Kerl. Hockt zu Hause und lernt sinnlose Silben auswendig. Das würde heute kein Mensch mehr tun – außer beim Blättern im IKEA-Katalog. Trotzdem: Die Arbeit von Ebbinghaus gilt als Meilenstein in der Psychologie, denn er konnte seine Ergebnisse in Zahlen, Kurven und Diagrammen darstellen. Und das war State of the Art am Ende des 19. Jahrhunderts. Seine Lernkurve und seine Vergessenskurve wurden weltberühmt. Zumindest in der Welt der Wissenschaft.

Ebbinghaus konnte vieles erklären, aber seine empirischen Methoden reichten nicht aus, um das Geheimnis der Gedächtniskünstler zu lüften: Vorstellungskraft und Assoziationen. Da stand die Wissenschaft zunächst wie der Ochs vorm Berg. Erst ab Mitte des letzten Jahrhunderts, mit Entstehen der kognitiven Psychologie, wurde die mentale Informationsverarbeitung zum Forschungsinhalt. Und erst seit wenigen Jahrzehnten gibt es einen Forschungszweig, der sich mit dem Generieren mentaler Bilder und deren Wirkung beschäftigt: Imagery. Erst ganz langsam verstehen wir, was sich in den Gehirnen der Gedächtniskünstler wirklich abspielt, wie Bilder im Kopf als Tuning fürs Gedächtnis funktionieren.

Bilder im Kopf sind das Salz in der Suppe

*Über unsere Fähigkeit, Bilder im Kopf zu erzeugen,
um Gedächtnislücken zu vermeiden.*

Zwei ältere Paare gehen spazieren. Die Herren spazieren ein paar Meter vor den Damen. Einer der beiden erzählt dem anderen:
»Gestern war unser Hochzeitstag. Wir waren in einem vorzüglichen Restaurant.«
Der andere fragt zurück: »In welchem denn?«
»Ich komme gerade nicht auf den Namen.«
»Vielleicht erinnerst du dich an den ersten Buchstaben?«
»Nein, leider nicht.«
»War der Name lang oder kurz?«
»Weiß ich nicht mehr.«
»Kannst du dich denn an gar nichts mehr erinnern?«
»Doch, warte mal, wie heißt nochmal diese Blume mit den Dornen?«
»Du meinst: Rose!«
Da dreht sich der Mann zu seiner Frau um: »Rosa! Wie heißt nochmal das Restaurant, in dem wir gestern Abend waren?«

Diesen Witz hat mir ein Teilnehmer nach einem Vortrag erzählt. Ich kannte ihn noch nicht. Den Teilnehmer! Trotzdem habe ich herzlich gelacht, denn ich kannte eine Version des Witzes mit »Nelke« und »Elke« – und war bei »Rose« entsprechend überrascht. Der Witz ist ein Klassiker. Und ich habe ihn hier für Sie aufgeschrieben, weil er eine wichtige Erkenntnis enthält: Bilder im Kopf helfen dem Gedächtnis. Das Gedächtnis ist ja aus gutem Grund ein Sieb. Sonst würde es überlaufen. Sie können allerdings Einfluss darauf nehmen, was durch die Löcher flutscht und was hängen bleibt. Gedächtnis ist kein Zufall. Was Sie erinnern, hängt davon ab, wie Sie Informationen verarbeiten. In Bildern denken heißt, mentale Nudeln so dick zu kochen, dass sie durch kein Loch mehr flutschen. Wir müssen uns dieses Phänomen unbedingt genauer anschauen!

Bilder im Kopf haben eine magische Wirkung. Die Bilder wollen Wirklichkeit werden. Wenn Sie durch Ihre Wohnung gehen, dabei über den teuren Teppich schreiten, in der Hand eine Tasse Kaffee, randvoll, und Sie stellen sich bildlich vor, dass der Kaffee überschwappt, dann schwappt er über. Wenn Sie sich bildlich vorstellen, jemand kratzt mit langen Fingernägeln über eine Kreidetafel, dann spüren Sie den Schmerz im Ohr, allein durch die Vorstellung. Und wenn Sie sich bildlich vorstellen, in Ihrem Kühlschrank galoppiert ein Pferd über eine Tomate?! Zugegeben, das passiert vielleicht nicht wirklich. Aber das Bild wirkt: aufs Gedächtnis. Solche Bilder bleiben haften. Und wer sich ein Pferd auf einer Tomate nicht vorstellen kann, der ist ein Idiot. Behauptet zumindest Salvador Dalí.

Ist das nicht eine erstaunliche menschliche Fähigkeit, Bilder im Kopf zu erzeugen? Ich meine nicht: Sie sehen einen Baum und haben dann das Bild von einem Baum im Kopf. Das kann jeder Dackel. Ich meine: Sie schließen die Augen und befehlen sich selbst, dass vor Ihrem geistigen Auge ein Baum auftaucht, und zwar ein blauer Baum, an dem Geldscheine wachsen. Und dann erscheint er tatsächlich, dieser blaue Baum, an dem Geldscheine wachsen. Obwohl es so einen Baum im echten Leben gar nicht gibt. Ist doch unglaublich, oder? Warum und wozu können wir so was?

Begonnen hat das alles schon vor ein paar Millionen Jahren, als das Gehirn anfing, seine Umwelt räumlich zu repräsentieren. Bereits unsere Vorfahren hatten ein räumliches Abbild ihrer Umwelt im Kopf, so eine Art Basisversion von Google Earth. Und wozu das Ganze? Zum Überleben! Unsere Ahnen mussten sich nämlich merken, wo sie Nahrung finden und wo der Feind lauert. Und sie mussten die Bewegung ihrer Körperglieder von rechts nach links und von oben nach unten steuern. Das alles geht nur mit einem räumlichen Vorstellungsvermögen. Irgendwann hat uns die Evolution dann mit Bewusstsein gesegnet. Seitdem benutzen wir unser Vorstellungsvermögen auch planerisch und kreativ. Wir stellen uns Räume vor, und innerhalb dieser Räume Ereignisse. Wir simulieren die Realität. Wir machen mentale Testläufe. Sie machen das auch, und zwar ständig.

Beispiel Urlaubsplanung: Wie entscheiden Sie sich zwischen zwei Wochen Island und zwei Wochen Tunesien? Sie stellen sich beide Alternativen bildlich vor. Sie denken sich in die Orte hinein, lassen diese Gedanken auf sich wirken. Ihnen wird heiß und kalt. Und die mentale Reise, die das bessere Gefühl auslöst, bestimmt dann das Urlaubsziel. Vorausgesetzt, die Reisen sind gleich teuer.

Dass wir die Realität simulieren können, ist schon erstaunlich genug. Aber noch erstaunlicher ist: So eine Simulation im Kopf kann echte Gefühle und sogar körperliche Reaktionen auslösen, weil sie in ähnlicher Weise vom Gehirn verarbeitet wird wie ein reales Erlebnis. Stellen Sie sich einen dramatischen Verkehrsunfall vor, bei dem ein Motorradfahrer ein Bein verliert. Sie müssen das nicht live erlebt haben, die mentale Simulation reicht aus, um ein Gefühl zu erzeugen. Und was Gefühle erzeugt, hat für uns Bedeutung und hinterlässt Spuren im Gedächtnis. Durch mentale Simulationen können wir erfundene Ereignisse in unser Gedächtnis einbrennen – fast als hätten wir sie tatsächlich erlebt. Und genau das ist das Grundprinzip der Gedächtniskunst.

Bilder im Kopf bestimmen aber nicht nur, woran wir uns erinnern. Sie bestimmen auch, was in unserer Zukunft passiert. Menschen stellen sich Träume und Wünsche bildlich vor. In Trainings und Coachings werden private und berufliche Ziele visualisiert. Wie beeinflusst das die Zukunft? Durch eine intensive bildliche Vorstellung brennen Sie sich ein Muster ins Hirn. Dieses Muster macht Sie aufmerksamer für genau solche Situationen, Menschen oder Orte, die zu Ihrem Ziel passen. Wir finden, wonach wir suchen. Plötzlich nehmen Sie Chancen wahr, die Sie dann nur noch wahrnehmen müssen.

Ich schlage Ihnen zu diesem Thema folgendes Experiment vor: Nehmen Sie sich eine Stunde Zeit, und suchen Sie sich einen ruhigen Ort. Jetzt stellen Sie sich im Detail vor, wie genau Sie in drei Jahren leben möchten. Fassen Sie Ihre Bilder und Träume in Worte, notieren Sie jedes Detail, und verschließen Sie das Ganze in einem Umschlag. Nach ein paar Jahren öffnen Sie den Umschlag wieder. Sie werden verblüfft sein, wie viele Ihrer Vorstellungen tatsächlich Realität geworden sind. Und Sie brauchen nicht mal »Bestellung beim Universum« auf den Umschlag zu schreiben. Ein Hinweis allerdings ist wichtig: In Erfüllung gehen kann nur, was Sie wirklich bildlich – als persönliche Vision – verankert haben. Meine Frau und ich haben einen dicken Umschlag im Schrank, voller Wünsche für

die Zukunft. Den Umschlag haben uns Freunde zur Hochzeit überreicht, und wir dürfen ihn erst in sieben Jahren öffnen. In sieben Jahren! Wir haben natürlich keine Ahnung, was das für Wünsche sind. Und ich war schon mehrfach versucht, den Umschlag aufzureißen. Nicht aus Neugierde, sondern um mir Bilder von allen Wünschen zu machen und um die Chance des Eintreffens auf diese Weise dramatisch zu erhöhen. Wenn Sie auch mal planen, einen Umschlag mit guten Wünschen zu verschenken, dann vergessen Sie nie, diese Wünsche im großen Kreis zu verkünden und sich all die schönen Dinge gemeinsam mit den Beschenkten vorzustellen. Erst danach darf der Umschlag für sieben Jahre in den Schrank.

Ganz ohne Umschläge und Umwege steigern auch Spitzensportler ihre Leistungen durch Bilder im Kopf. Sportler visualisieren sich selbst im Zieldurchlauf, auf dem Siegertreppchen, vor der jubelnden Menge. Und das wirkt tatsächlich. Die Vorstellung einer Belohnung aktiviert das Bewegungszentrum im Gehirn in besonderer Weise. Wenn Sie sich einen Sechser im Lotto vorstellen, läuft sich der Weg zum Kiosk gleich viel leichter. Aber nicht nur die Aussicht auf Sieg und Belohnung steigert die Leistung. Das sogenannte mentale Training meint die gedankliche Simulation des eigentlichen Bewegungsablaufes. Was im Geiste perfekt sitzt, kann unter realen Bedingungen viel leichter abgerufen werden. Der Vorteil dieser Trainingsmethode: Man kann sich das ganze Drumherum des Wettkampfes mit vorstellen, den Ort, die Gegner, die Atmosphäre, sich quasi in die Live-Situation hineinbeamen, den Wettkampf mental antizipieren. Boris Becker war zu seinen besten Zeiten schon vor Spielbeginn der Sieger – in seiner Vorstellung. Der Tennisprofi erträumte sich Asse, ließ gefährliche Züge immer wieder mit positivem Ausgang vor seinem geistigen Auge ablaufen und erklärt noch heute, wie entscheidend sein mentales Training für seine Erfolge war.

Eine sportliche Spitzenleistung erbringt auch Timo Wopp, der als erster deutscher Jongleur vom Cirque du Soleil nach New York engagiert wurde. Seine rasanten Jonglagen erfordern die Beherrschung extrem komplexer Bewegungsabläufe. Mit Bällen und Keulen zaubert er Bilder in die Luft. Seine Darbietung ist eine perfekte Choreografie auf die Capricci des Teufelsgeigers Paganini. Timo Wopp ist aber nicht nur einer der weltbesten Jongleure, er ist auch Diplomkaufmann, Referent und Trainer. Wenn jemand effiziente Methoden einsetzt, dann er. Und zu diesen Methoden gehört auch mentales Training. Durch eine kurze gedankliche Simulation der komplexen Jonglagen aktiviert er alle beteiligten grauen Zellen im Bewegungszentrum. Und erst dann nimmt er Bälle und Keulen in die Hand. Erst dann geht es raus auf die Bühne.

Auch Schauspieler sind Profis im Visualisieren. Sie erzeugen Bilder im Kopf, um emotionale Reaktionen abzurufen und körperlich sichtbar zu machen. Schauspieler tun nicht einfach so, als ob sie sich vor einer Maus erschrecken. Sie sehen die Maus vor ihrem geistigen Auge und erschrecken sich dann – und zwar sehr glaubwürdig – von ganz allein. »Diese Fähigkeit, auf imaginäre Stimuli zu reagieren, macht das eigentliche Talent des Schauspielers aus«, schreibt der große Schauspiellehrer Lee Strasberg in seinem Buch »Ein Traum der Leidenschaft«. Die berühmten »großen Gefühle« entstehen in der Methode von Strasberg dadurch, dass Schauspieler ihr emotionales Gedächtnis einsetzen, also über konkrete sinnliche Vorstellungen die gewünschten Gefühle abrufen. Am meisten beeindruckt mich immer, wenn Schauspieler sich glaubwürdig erschrecken. Wie machen die das? Sich vorzustellen, nicht zu wissen, was gleich passiert. Ein toller Beruf.

Und in unserer alltäglichen Kommunikation? Auch hier spielen Bilder im Kopf eine immense Rolle. Wenn Sie es schaffen, Bilder im Kopf Ihres Gegenübers zu erzeugen, dann erzielen Sie zwei Wirkungen auf einmal: eine emotionale Wirkung und eine aufs Gedächtnis. Ihr Gegenüber fühlt sich angesprochen und behält Ihre Botschaft als Bild im Kopf. Wie wirkt das Wort »Investor«? Gegenprobe: Wie wirkt das Wort »Heuschrecke«? Unsere Sprache besteht aus lauter Nägeln, die Sie nur noch auf den Kopf treffen müssen. Metaphern sind der Hammer.

Die Wirkung bewusster bildlicher Vorstellungen auf unsere Emotionen, auf unser Gedächtnis und auf unser Handeln ist psychologisch vielfach erforscht und unbestritten. Leider werden diese Erkenntnisse häufig esoterisch aufgekocht, und selbst ernannte Gurus versprechen allumfassende Wunscherfüllung. Das endet dann in absurden Versprechungen wie: »Stelle dir bildlich vor, direkt vor deiner Haustür ist ein Parkplatz frei, und dann wird da ein Parkplatz frei sein.« Ich habe das eine Weile ausprobiert. Es funktioniert nur jeden dritten Tag.

So gern ich ein großer Guru wäre: In diesem Buch verspreche ich Ihnen lediglich, dass Sie durch Bilder im Kopf Ihre Gedächtnisleistung steigern und ein kreativerer Kopf werden. Und ich gebe Ihnen entsprechende Tipps und Tricks mit auf den Weg. Ist doch auch nicht schlechter als ein Parkplatz direkt vor der Haustür, oder?

Im Atelier der Gedächtniskünstler

*Wie eine kunstvolle Assoziation dafür sorgt, dass uns
das eine an das andere erinnert – wann immer wir wollen.*

Wenn Bilder im Kopf dem Gedächtnis auf die Sprünge helfen, wie stelle ich diese Bilder dann am besten her? Welche Eigenschaften müssen sie haben? Wie muss ich denken, visualisieren, fantasieren, damit die gewünschte Information am Ende wirklich im Gedächtnis gespeichert wird?

Um diese Fragen zu beantworten, folgen Sie mir bitte ins Atelier der Gedächtniskünstler. Es lohnt sich. Denn so virtuos wie Dalí einst den Pinsel geschwungen hat, so virtuos gestaltet ein Gedächtniskünstler seine mentalen Bilder. In Vollendung beherrscht er die wichtigste aller kreativen Techniken: das Herstellen einer Assoziation.

Allerdings muss ich Sie auch warnen. Im Atelier der Gedächtniskünstler geht es nicht gerade zimperlich zu. Hier spritzt Blut. Hier fliegen Fetzen aus Lack und Leder. Hier wird mit Sekundenkleber geklebt. Denn der Gedächtniskünstler hat nicht viel Zeit, sein wichtigstes Ziel zu erreichen: zwei Gedanken mental aneinanderzufesseln, sie in einem Bild zu vereinen. Er verschmilzt zwei Gedanken, verbindet fantasievoll ihr Schicksal und verlässt sich darauf, dass wann immer er in Zukunft den einen Gedanken denkt, er auch den anderen erinnern wird, reflexartig.

Den Erinnerungsreflex starker Assoziationen kennen Sie aus dem Alltag: Bei Adam denken Sie an Eva, bei Paris an den Eiffelturm und bei Ackermann an die Deutsche Bank – oder andersrum. Hier bestehen gedankliche Verbindungen, weil Sie die Begriffe immer wieder im Zusammenhang wahrgenommen haben.

Aber denken Sie bei Pferd an Tomate? Pferd und Tomate kommen nicht gemeinsam im Paradies vor, nicht gemeinsam im Reiseprospekt – und nicht gemeinsam in der Wirtschaftspresse. Hier stehen für die gedankliche Verbindung noch alle Optionen offen. Hier ist die Assoziation erst noch kunstvoll und kreativ herzustellen. Machen wir uns also an die Arbeit.

Wie sagte Dalí noch gleich: Wenn Sie sich nicht vorstellen können, wie ein Pferd über eine Tomate galoppiert, sind Sie ein Idiot. Vermutlich sind Sie kein Idiot, und es gelingt Ihnen? Vor Ihrem geistigen Auge sehen Sie ein Pferd über eine Tomate galoppieren? Sehr schön! Damit haben Sie die erste Testrunde in Sachen Assoziation bestanden. Dalí würde als Nächstes von Ihnen erwarten, dass Sie auch eine Banane und ein Nilpferd, einen Strohhut und eine Zündkerze, einen Trecker und eine Sahnetorte – oder zwei beliebige andere Dinge – auf surrealistische Weise miteinander verbinden können.

Trecker und Sahnetorte! Welche Assoziationen lassen sich herstellen? Was fällt Ihnen dazu ein? Eine Sahnetorte, neben der

ein Trecker steht. Ein Trecker, der auf seinem Anhänger eine Sahnetorte transportiert. Eine Sahnetorte, die von einem Trecker überrollt wird. Ein Trecker, dessen Räder aus großen Sahnetorten bestehen. Ein Trecker, der in acht leckere Stücke zerschnitten und wie eine Sahnetorte zum Kaffee serviert wird. Eine riesige Sahnetorte, auf der ein Trecker fährt und plötzlich tief in der Sahne versinkt. Setzen Sie die Liste fort, im Atelier der Gedächtniskünstler gibt es unendlich viele Möglichkeiten.

Die Kunst allerdings besteht darin, die Assoziation zu finden, die am stärksten aufs Gedächtnis wirkt. Ein Trecker, der eine Sahnetorte transportiert? Das ist langweilig, das merkt sich kein Mensch! Aber ein Trecker, der über eine riesige Torte fährt und in Sahne versinkt? Das ist ungewöhnlich, das bleibt hängen.

Wenn Sie das nächste Mal an Trecker denken, wird Ihnen die Sahnetorte wieder einfallen, reflexartig. Und genau das war das Ziel. Der Trecker ist zum sogenannten Abrufreiz für die Sahnetorte geworden. Durch das Bild im Kopf haben Sie die Verbindung hergestellt. Und genau durch diese Verbindung werden Ihre Gedanken das nächste Mal wieder fließen.
Eine Assoziation hilft dem Gedächtnis natürlich nur, wenn sie lange hält und sich nicht sofort wieder auflöst. Wie ein guter Klebstoff muss sie bestimmte Wirkstoffe enthalten. Nach meiner Erfahrung sind es sieben Wirkstoffe, die eine starke Assoziation auszeichnen, sieben Wirkstoffe, mit denen die Gedächtniskünstler und andere kreative Köpfe erfolgreich arbeiten. Ich nenne sie »die sieben Merkwirkstoffe«.

Die sieben Merkwirkstoffe für starke Assoziationen

1. *Wirkstoff »Action«*
Die Begriffe werden durch eine Handlung oder Interaktion verbunden. Das mentale Bild enthält Bewegung und Dramatik, Action und Energie. Da ist richtig was los. Der Trecker versinkt in der Sahnetorte.

2. *Wirkstoff »Newswert«*
Die Begriffe gehen eine Verbindung ein, die völlig neuartig ist. Noch nie zuvor ist ein Trecker in einer Sahnetorte versunken. Das mentale Bild ist so gestrickt, dass es einen hohen Newswert hat.

3. *Wirkstoff »Extreme«*
Die Begriffe werden als Extreme visualisiert. Die Sahnetorte ist extrem groß, der Trecker extrem klein. Alles ist so übertrieben und extrem, dass Ihnen ganz schwindelig davon wird.

4. *Wirkstoff »Effekte«*
Mit den Begriffen passiert Verblüffendes und Unmögliches. Dinge schweben, verschwinden, erscheinen, durchdringen und verwandeln sich. Alle Effekte der Zauberkunst sind wirksame Effekte fürs Gedächtnis.

5. *Wirkstoff »Intensität«*
Die Begriffe werden so konkret wie möglich visualisiert. Sie denken nicht nur Trecker und Sahnetorte. Sie *sehen* Trecker und Sahnetorte! Sie erzeugen Kino im Kopf. Mit voller Konzentration.

6. *Wirkstoff »Sinnesfülle«*
Die Begriffe werden im Geiste nicht nur gesehen, sondern auch gerochen, geschmeckt, gefühlt und gehört. Der Trecker knattert und stinkt, während er in der sahnesüßen weichen Torte versinkt.

7. *Wirkstoff »Merkmale«*
Die beiden Begriffe werden mit typischen Merkmalen visualisiert. Der Trecker hat hinten größere Räder als vorne. Die Sahnetorte hat eine cremige Konsistenz. Es besteht keine Verwechslungsgefahr.

Diese sieben Wirkstoffe sorgen für Stabilität, wenn Sie als Architekt mentaler Bilder tätig werden: als Gedächtniskünstler, als Werber, als Erfinder, als Vordenker, als Comedian, als Autor, als Trainer, als was auch immer. Nutzen Sie die sieben Merkwirkstoffe als Anleitung zum Assoziieren. Und denken Sie sich bitte jetzt – zur Übung – wirksame Assoziationen für die folgenden zehn Begriffspaare aus. Wir werden darauf zurückkommen. Nehmen Sie sich etwa fünf Minuten Zeit:

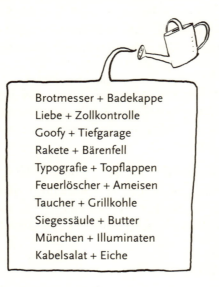

Brotmesser + Badekappe
Liebe + Zollkontrolle
Goofy + Tiefgarage
Rakete + Bärenfell
Typografie + Topflappen
Feuerlöscher + Ameisen
Taucher + Grillkohle
Siegessäule + Butter
München + Illuminaten
Kabelsalat + Eiche

Vielen Dank für Ihren Einfallsreichtum, und vielen Dank auch für Ihre künstlerische Arbeit im Atelier der Gedächtniskunst. Was hier mit einfachen Wortpaaren beginnt, werden wir im Laufe des Buches zu einer virtuosen Denktechnik weiterentwickeln. Zu einer Denktechnik, die Ihnen von großem Nutzen sein wird.

Eine erste ganz praktische Anwendung sind die berühmten »Nachher-dran-denken-Situationen«: Ich muss nachher dran denken, die Fotos abzuholen. Ich muss nachher dran denken, Tante Berta zum Geburtstag anzurufen. Ich muss nachher dran denken, noch schnell am Geldautomaten zu halten. Wie können Sie sicherstellen, dass Sie im entscheidenden Moment wirklich dran denken? Bauen Sie sich Assoziationen! Stellen Sie sich bildlich vor, wie es Fotos vom Himmel regnet. Sobald Sie das Haus verlassen, werden Sie an das Abholen der Fotos denken. Stellen Sie sich bildlich vor, wie Tante Berta bei Ihnen im Kühlschrank hockt. Sobald Sie abends den Kühlschrank öffnen, wird Ihnen der Geburtstag von Tante Berta wieder einfallen. Stellen Sie sich bildlich vor, dass auf Ihrem Lenkrad ein 100-Euro-Schein klebt. Sobald Sie im Auto sitzen, wird der Griff ans Lenkrad die Erinnerung an den 100-Euro-Schein auslösen – und Sie können direkt den nächsten Geldautomaten ansteuern. Diese absurden Bilder funktionieren wie ein Eintrag in Ihren Kalender. Der einzige Unterschied ist, dass Sie nicht mehr reinschauen müssen.

Auch die Kreativen aus der Werbung haben sich im Atelier der Gedächtniskünstler umgeschaut. Sie arbeiten mit ganz ähnlichen Techniken. Denn auch bei einer Anzeige oder einem Werbefilm kommt es darauf an, in kürzester Zeit einen maximalen Erinnerungseffekt zu erzielen. Wenn das nicht gelingt, wird es teuer. Jede Sekunde Aufmerksamkeit kostet Geld.

Ein gedächtnistechnisch sehr starker Film ist der TV-Spot »Passion« des Baumarktbetreibers Hornbach. Ich habe diesen Spot im Mai 2009 gesehen. Und ich kann mich immer noch gut erinnern: In einem ganz normalen Büro ist ein ganz normaler

Typ zu sehen, der seinen Kollegen etwas erzählen will. Man klönt halt miteinander. Aber plötzlich bricht es aus ihm heraus. Nicht Worte sprudeln aus seinem Mund, sondern Nägel, Bretter, Werkzeuge, Rohre, Steine, Mörtel, Schrauben. Alles was man zum Bauen so braucht. Der Mann ist vor Begeisterung gar nicht mehr zu stoppen. Er sprudelt und sprudelt. Aus seinem Mund fliegt das ganze Baugedöns heraus und seinen Kollegen um die Ohren. Der Film ist voller Action, absurd und überraschend. Ein einziges Mal im TV gesehen, und schon ist er ins Hirn gebrannt. Sobald ich an Nägel, Bretter, Werkzeuge, Rohre, Steine, Mörtel oder Schrauben denke, fällt mir jetzt immer automatisch der Film von Hornbach ein. Ich erinnere mich, mit wie viel Begeisterung und Leidenschaft der Typ im Film von seinem Bauprojekt erzählt hat. Wie es aus ihm herausgebrochen ist. Gute Arbeit. Hier wurden die Begriffe »Leidenschaft« und »Bauen« nach allen Regeln der Gedächtniskunst assoziiert.

Dieser Kunstgriff gelingt nicht immer. Bestimmt kennen Sie Anzeigen und Werbefilme, von denen jeder spricht und über die jeder lacht, aber kein Mensch kann sich erinnern, wofür da eigentlich geworben wurde. In einem solchen Fall war die Assoziation nicht stark genug. Mir ging das so bei einem TV-Spot, der an einem Obststand auf einem Wochenmarkt spielt. Der Obstverkäufer redet mit völlig mechanischer Stimme, wie eine automatisierte Hotline am Telefon. Ein saukomischer Film und toll gespielt. Und ein perfektes Thema für den Smalltalk: »Hast du schon diesen TV-Spot gesehen mit diesem Obstverkäufer, der so komisch spricht?« Ja, gesehen haben den Film alle! Aber für wen oder was geworben wurde: keine Ahnung. Eigentlich gehört deshalb in jede Werbeagentur ein Mnemotechniker. Ich warte auf die erste Stellenanzeige.

Was nehmen wir mit aus dem Atelier der Gedächtniskünstler? Die Techniken des Assoziierens und des Visualisierens! Diese beiden Techniken sind die Grundlagen kreativen Denkens, und wir werden in diesem Buch immer wieder darauf zurückkommen. Und wir werden herausfinden, wie Sie diese Denktechniken im Alltag einsetzen können. Zum Beispiel, um Ihrem Gedächtnis auf die Sprünge zu helfen. Apropos. Was fällt Ihnen zu den folgenden zehn Begriffen ein:

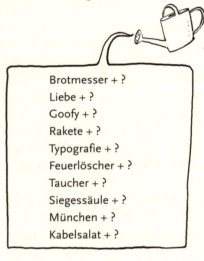

Brotmesser + ?
Liebe + ?
Goofy + ?
Rakete + ?
Typografie + ?
Feuerlöscher + ?
Taucher + ?
Siegessäule + ?
München + ?
Kabelsalat + ?

Erinnern Sie sich an den jeweils zweiten Begriff der Wortpaare? Wie gut Sie sich hier erinnern, hängt ausschließlich davon ab, ob Sie vorhin fleißig waren und ein paar starke Assoziationen hergestellt haben. Vielleicht haben Sie die Übung auch übersprungen und einfach weitergeblättert. Es war Ihre Entscheidung.

Aus diesem kleinen Test nehmen Sie eine weitere wichtige Erkenntnis mit: Ob Erinnerung gelingt, das entscheidet sich nicht im Moment des Erinnerns. Entscheidend ist der Moment des Einprägens. Entscheidend ist, in welcher Tiefe Sie eine neue Information aufnehmen und verarbeiten. Das Erinnern ist nichts weiter als eine Wiederholung dieses Verarbeitens – zu einem späteren Zeitpunkt. Ärgern Sie sich also nicht, wenn Ihnen mal was nicht einfällt. Aber entscheiden Sie klipp und klar, welche Informationen Sie sich merken wollen. Und verarbeiten Sie diese Informationen mit der notwendigen Aufmerksamkeit. Wenn Sie sich erinnern wollen, wo im Parkhaus Ihr Auto steht, dann werfen Sie direkt nach dem Einparken mal einen Blick zurück. Das erspart Ihnen sinnloses Herumirren vor dem Ausparken.

Die Birne trainieren wie Henry Maske

Ein kurzes Training zum Merken von langen Listen –
live erprobt in der »Grips-Show« von Günther Jauch.

Ein paar Wochen vor der »RTL-Grips-Show« im Jahr 2004 rief mich die Produktionsfirma von Günther Jauch an. In der Sendung sollten die Zuschauer am Bildschirm trainieren, wie man sich eine Liste verschiedenster Begriffe merkt. Als prominenter Gast war Henry Maske eingeladen. Also konzipierte ich ein kurzes fernsehtaugliches Training. Und siehe da: Nicht nur das Boxerhirn, sondern auch die Zuschauer im Studio und vor den Bildschirmen merkten sich alle Begriffe. Was Henry Maske kann, das können Sie auch. Probieren wir's aus. Hier ist die Original-Wortliste, die sich Maske in der »Grips-Show« merken sollte. Diese Liste bitte nur ein einziges Mal zügig durchlesen:

NASE, HAARGEL, SPINNE, PUDELMÜTZE, KÄSE, SOCKEN, FEUERZEUG, QUERFLÖTE, HANDY, KEKS, PERÜCKE, ROSE, BIER, WALZER

Wie viele Begriffe erinnern Sie? Augen zu! 8 bis 9 ist gut. Mehr als 10 ist sehr gut. Alle 14 Begriffe, und das in der richtigen Reihenfolge? Dafür brauchen Sie eine Mnemotechnik – und zwar die sogenannte Kettenmethode. Bei dieser Methode werden alle

Begriffe zu einer bizarren Geschichte miteinander verkettet. Dabei hängen Sie eine Assoziation direkt an die nächste. Stellen Sie sich die folgende Geschichte in lebendigen Bildern vor, und Sie werden sich an alle Begriffe erinnern wie Henry Maske:

Die Geschichte beginnt mit meiner NASE. Ich stelle mir vor, meine Nase läuft. Und was fließt raus? HAARGEL! Klebriges, schmieriges Haargel. Und mitten im Haargel schwimmt was? Eine SPINNE. Schauen wir mal genauer hin: Die Spinne trägt eine PUDELMÜTZE. Und an dieser Pudelmütze baumelt als Bommel ein Stück KÄSE! Mal dran riechen. Der Käse stinkt wie meine SOCKEN. Und weil die so stinken, die Socken, will ich sie anzünden mit einem FEUERZEUG. Beim Zünden verwandelt sich das Feuerzeug in meiner Hand in eine QUERFLÖTE. Ich bin noch ganz baff, da klingelt die Querflöte wie ein HANDY. Ich gehe ran, und wer ist am anderen Ende dran? Ein KEKS! Ein sprechender Keks. Der Keks will nicht erkannt werden, darum trägt er eine PERÜCKE. Und mitten aus dieser Perücke wächst eine ROSE, eine wunderschöne Rose. Und womit gieße ich die Rose? Mit einem BIER. Ich gieße und gieße. Bis die Rose so betrunken ist, dass sie WALZER tanzt ...

Wichtig ist, dass Sie die Geschichte wie Kino im Kopf vor Ihrem geistigen Auge ablaufen lassen. Dann führt Sie jeder Begriff automatisch zum nächsten. Wenn Sie an die Nase denken, fällt Ihnen automatisch das Haargel ein. Das Haargel erinnert Sie an Spinne, die Spinne an Pudelmütze und so weiter.

Die Kettenmethode ist die Weiterentwicklung einer einfachen Assoziation: Aus einzelnen Bildern wird Kino im Kopf. Die Methode ist geeignet, sich Listen aller Art zu merken: Einkaufslisten, Stichworte einer Rede oder Musiktitel in einem Konzert. Und sie ist einfach anzuwenden. Sie birgt allerdings auch eine Gefahr: Sobald ein Glied der Kette fehlt, reißt der Faden der Erinnerung ab. Darum verwenden die Profis zumeist die Loci-Methode, bei der vertraute Orte oder Routen zur Anwendung kommen. Die Loci-Methode gilt als die ursprünglichste aller Mnemotechniken. Spüren wir sie also auf, die sicheren Orte für flüchtige Gedanken.

Sichere Orte für flüchtige Gedanken

Wie Sie Gedanken an mentalen Orten ablegen und dort jederzeit wiederfinden – zum Beispiel die Stichworte einer Rede.

Wo suchen Sie die tägliche Post? Im Briefkasten! Wo suchen Sie die Gedächtniskirche? In Berlin! Wo suchen Sie nach einer neuen Brille? Bei Fielmann! Offensichtlich gibt es Orte, an denen wir bestimmte Dinge ganz sicher finden. Was liegt da näher, als auch neue Informationen, die wir ganz sicher erinnern wollen, an Orten abzulegen – an mentalen Orten.

Ein sicherer mentaler Ort ist Ihre Wohnung. Aufgrund von Gewohnheit, im schönsten Sinne des Wortes, können Sie Ihre Wohnung jederzeit mental aufsuchen. Es kostet Sie überhaupt keine Mühe, im Geiste durch die Tür zu treten, an der Garderobe vorbei in die Küche zu gehen, durchs Wohnzimmer zu schlendern, noch einmal das Badezimmer aufzusuchen, um schließlich im Schlafzimmer anzukommen und sich ins Bett zu legen. In jedem Zimmer gibt es typische Einrichtungsgegenstände. In der Küche zum Beispiel den Esstisch, die Anrichte, den Kühlschrank, die Spüle und den Herd. Die Gedächtniskünstler sprechen hier von »Routenpunkten«. Wenn Sie in fünf Zimmern jeweils fünf solcher Routenpunkte festlegen, haben Sie schon 25 mentale Orte zur Verfügung, an denen Sie Informationen ablegen können.

Stellen Sie sich vor, Sie wollen eine freie Rede halten und müssen sich an 25 Stichwörter erinnern. Sie können auf Spickzettel verzichten, wenn Sie jedes Stichwort an einem dieser 25 mentalen Orte ablegen. Das bedeutet konkret: eine Assoziation zwischen Routenpunkt und Stichwort herstellen. Wie funktioniert das? Nehmen wir an, fünf Ihrer Stichworte sind: Känguru, Firmenwagen, Aspirin, Eiffelturm und Schuhsohle. Als mentalen Ort für diese fünf Stichworte wählen Sie die Küche. Stellen Sie sich vor: Das Känguru hüpft auf Ihrem Esstisch. Der Firmenwagen brettert über Ihre Anrichte. Ihr Kühlschrank ist leer bis auf eine Tablette Aspirin. In der Spüle schrubben Sie den Eiffelturm sauber. Und auf dem Herd verbrennt stinkend eine Schuhsohle. Wenn Sie die Stichworte später erinnern möchten, brauchen Sie nur im Geiste durch Ihre Küche zu spazieren. Der Esstisch wird Sie wieder ans Känguru erinnern, die Anrichte an den Firmenwagen, der Kühlschrank an die Aspirin, die Spüle an den Eiffelturm, und was verschmort da stinkend auf dem Herd? Richtig, eine Schuhsohle! Die weiteren Stichworte der Rede bringen Sie in den anderen Zimmern unter. Am besten ordnen Sie jedem Zimmer ein Thema oder einen Abschnitt Ihrer Rede zu. Dann können Sie auch einfach mal ein Zimmer überspringen, wenn Sie spontan kürzen müssen.

Aber nicht nur Ihre Wohnung ist geeignet für Routenpunkte. Auch entlang eines gewohnten Weges können Sie solche Punkte definieren. Falls Sie joggen: Ihre Laufstrecke enthält bestimmt Dutzende geeigneter Orte. Profis legen in jedem Urlaub eine neue mentale Route bei einem Spaziergang durch den Urlaubsort an. Die tollste Route aber verläuft entlang Ihres eigenen Körpers. Von Kopf bis Fuß, vom Ellenbogen bis zum Knie: Diese Route haben Sie immer dabei. Sie können am Körper assoziativ Dinge aufbewahren, die Sie sonst vielleicht vergessen würden. Zum Beispiel Witze.

Ich mag den folgenden Witz: Treffen sich drei Kühe. Sagt die erste: »Muh.« Sagt die zweite: »Muh.« Sagt die dritte: »Muh, muh, muuuuh.« Da erschießt die erste Kuh die dritte Kuh. »Warum hast du das getan?«, fragt die zweite die erste. Antwort: »Sie wusste zu viel!« Ein guter Witz. Ich stelle mir da immer so eine Kuh mit John-Wayne-Hut und rauchendem Colt vor. Herrlich absurd. Ich mag übrigens auch den Witz mit den beiden Schriftstellerinnen. Der geht so: Treffen sich zwei ältere Schriftstellerinnen. Sagt die eine: »Ihr neues Buch ist ausgezeichnet. Wer hat es Ihnen denn geschrieben?« Sagt die andere: »Schön, dass es Ihnen gefällt. Wer hat es Ihnen denn vorgelesen?« Auch ein sehr charmanter Witz, oder? Jetzt kommt der dritte Witz. Der ist leider nicht ganz so gut: Treffen sich zwei Spaziergänger. Sagt der erste: »Wo hast du denn deine Armbanduhr?« Sagt der zweite: »Ach, die geht immer vor, die ist bestimmt schon zu Hause!« Wie gesagt: Den können Sie gleich wieder vergessen. Aber wie merkt man sich die guten Witze? Und davon gleich ein Dutzend? Sie können Witze am Körper aufbewahren! Stellen Sie sich vor, auf Ihrem Kopf sitzt eine Kuh. Das erinnert Sie an den Kuhwitz. Stellen Sie sich vor, Sie halten Händchen mit zwei älteren Damen. Das erinnert Sie an den Witz mit den Schriftstellerinnen. Weitere Witze machen Sie mental fest an der Nasenspitze, am Kinn, am Hals, auf den Schultern, am Ellenbogen, auf der Brust, um die Hüften, am Knie, an den Füßen und – nach Lust und Laune – auch an weiteren Körperteilen. Und wenn Sie dann in so einer Gesellschaft landen, in der reihum Witze erzählt werden: Sie haben Ihre stets dabei. Ihr ganzer Körper ist voller Stichwörter. Mentales Piercing sozusagen. Das Einzige, was Sie jetzt noch vorbereitend tun müssen: ein paar richtig gute Witze recherchieren und einstudieren.

Übrigens: Wissen Sie, wie sich Gedächtniskünstler untereinander Witze erzählen? Die haben Tausende Witze nach Nummern abgespeichert. Da muss nur einer »573« sagen, und alle anderen biegen sich vor Lachen. Bei 170 liegen die Leute am Boden. Und auch 941 ist ein echter Brüller. Aber Vorsicht: Ich habe in so einer Runde mal »488« gesagt, und kein Schwein hat gelacht. Im Gegenteil, betretenes Schweigen. Bis jemand meinte: »Man muss ihn auch erzählen können.«

Die Geheimzahl in der Fingerspitze

Über unser Gedächtnis für Zahlen. Mit Tipps und Tricks, wie Sie auch in abstrakten Zahlen Bedeutung und Bilder entdecken.

Die Arosa Blu war mal wieder zwischen den Kanarischen Inseln unterwegs. Auf diesem Schiff gab es nicht nur diverse Pools, ein Theater und eine Joggingbahn – nein, sogar ein Edutainment Center. Hier konnten die Gäste dafür sorgen, dass auch im Urlaub der IQ nicht sinkt, zum Beispiel in Kreativitäts- und Gedächtnisworkshops. Eine gute Idee. Denn unser Gehirn mag gar nicht, wenn zu abrupt von hoher beruflicher Anforderung auf Nichtstun umgeschaltet wird. Man soll die Seele baumeln aber nicht hängen lassen. Denkbedürfnisse befriedigen, das jedenfalls war unser Job an Bord. Als Trainer war mir umso peinlicher, dass ich auf einem Landgang an einem Geldautomaten meine EC-Geheimzahl nicht mehr wusste. Was war passiert? Ich hatte die Karte in den Schlitz gesteckt, meinen Zeigefinger wie gewohnt über die Tastatur gleiten lassen, vier Ziffern eingetippt, und eine Fehlermeldung erhalten – statt Geld. Erst ein genauer Blick auf die Tastatur offenbarte das Dilemma: Die Reihen waren anders angeordnet als bei meinem Geldautomaten zu Hause. Irgendjemand, wahrscheinlich der spanische Hersteller des Automaten, hatte die 7-8-9 in der oberen Reihe und die 1-2-3 in der unteren Reihe angebracht. Kein Wunder, dass mein Zeigefinger auf seinem Weg über die Tastatur die falschen Tasten tippte. Auf offener Straße und mit offenem Mund wurde mir klar: Ich hatte meine Geheimzahl nicht im Kopf, sondern in der Fingerspitze gespeichert. Mein Zeigefinger hatte über Jahre hinweg immer denselben Weg über die Tastatur zurückgelegt: Mitte links, nach oben links, zwei runter, dann rüber nach rechts unten. Die Bewegung war völlig automatisiert. Wozu also noch die Nummer merken? Für die Mitreisenden war die Story ein gefundenes Fressen: Der Herr Gedächtniskünstler hatte seine eigene Geheimzahl vergessen. Dabei war nur der spanische Automat schuld.

Neulich hatte ich wieder ein Zahlenproblem. Nicht mit meiner EC-Karte, inzwischen beherrsche ich meine Geheimzahl auch im Ausland, sondern mit einer Schlüsselkarte. Kennen Sie diese Dinger, die in Fitnessclubs zum Einsatz kommen? Damit kann man jede beliebige Tür zuschließen und später wieder aufschließen. Das ist praktisch, denn man hat freie Schrankwahl. Allerdings muss man sich auch genau merken, welche Tür man zugeschlossen hat. Naja. Ich stehe also nach der Sauna in der Umkleide, mit nichts bekleidet als einem nassen Handtuch, und habe keine Ahnung mehr, welche Tür es war. Da hilft dann nur: ausprobieren. Ich tapse von Schrank zu Schrank zu Schrank. Aber die Karte passt nicht, und passt nicht, und passt nicht. Sie kennen das: In solchen Situationen spürt man die Blicke körperlich – sogar durch ein nasses Handtuch hindurch. Nach ein paar Dutzend Versuchen taucht neben mir so ein sprechendes Muskelpaket auf. Mit einem wertvollen Tipp: »Lass doch nächstes Mal einfach den Schnürsenkel aus dem Schrank hängen.« Seitdem weiß ich, warum in Umkleiden immer so viele Schnürsenkel aus den Schränken hängen.

Offen bleibt die Frage: Warum hatte ich mir die Nummer nicht gemerkt? Vermutlich weil ich sonst immer denselben Schrank benutze! Und weil ich diesen Schrank sonst immer automatisch – ganz ohne Nummer – wiederfinde! Nur dieses eine blöde Mal war mein Lieblingsschrank schon besetzt. Und sofort bin ich Opfer meiner Gewohnheit geworden. Ich nenne diese Gewohnheit seitdem »Selber-Schrank-Effekt«. Und ich könnte wetten, Sie sitzen im Wartezimmer auch immer auf demselben Stuhl? Sie gehen in Ihrem Lieblingsrestaurant auch immer zum selben Tisch? Sie benutzen auf dem Weg nach Hause auch immer denselben Weg? Was verrät das über unser Gedächtnis? Unser Gedächtnis ist dafür gemacht, Orte und Wege zu erinnern. Und wenn ein Weg zum Ziel führt, dann schlagen wir ihn wieder ein. Und wieder. Und wieder. Wie eine Maus auf der Suche nach einem Stück Käse. Aber sich an Zahlen orientieren? Das ist eine komische Erfindung des modernen Menschen. Geheimzahlen, nummerierte Schränke in der Umkleide, Zimmernummern im Hotel, Platzreservierungen im ICE – dafür ist unser Gehirn eigentlich nicht gemacht.

Zahlen merkt sich unser Gehirn nur, wenn sie eine Bedeutung haben, beziehungsweise wenn es uns gelingt, ihnen eine Bedeutung zu geben. Sieben? Was fällt Ihnen dazu ein? Zwerge, Weltwunder, Brücken? Oder vielleicht sogar »The Magical Number Seven«? Das ist der Titel einer Arbeit des Psychologen George A. Miller aus dem Jahr 1956. Darin beschreibt er, dass die Kapazität unseres Arbeitsgedächtnisses etwa sieben Einheiten umfasst. Die Zahl Sieben hat verschiedenste Bedeutungen. Wie sieht es aus mit 23? Eine Primzahl, die Zahl der Illuminaten, der Tag vor Heiligabend, eine Glückszahl? Auch hier: unterschiedlichste Bedeutungen. Meine Schranknummer war 257. Hätte ich mir merken können. Zumindest wenn ich kurz nach Bedeutungen gesucht hätte. Was fällt einem ein zur Zahl 257? 2 plus 5 ergibt 7. Beim Umkleiden stehen zwei 57-Jährige neben mir. Ein guter Freund hat am 25. 7. Geburtstag. Und die Nummer 257 ist im Liederbuch der katholischen Kirche die Hymne »Großer Gott wir loben Dich«. Daran kann ich mich erinnern, weil ich als Jugendlicher immer die Frühmesse an der Orgel begleitet habe. Ganz offensichtlich: Hinter einer Schranknummer wie 257 kann mehr stecken als ein Rucksack mit Sportklamotten.

Auch die Werbung hat die Mnemotechnik entdeckt und hämmert uns die Nummer der Auskunft mit Assoziationen in die Birne. Wie man sich die 11880 merkt? 11 ist die Fußballmannschaft, 88 ist die Oma, und 0 steht für null Problem. Die Auskunft, da werden Sie geholfen. Wenn Sie sich die Auskunft sparen möchten, machen Sie es wie die Auskunft selbst: Denken Sie sich lustige Geschichten aus für die Nummern, die Sie sich merken möchten. 7308221 wird zu 7-30-8-22-1. Sieben 30-jährige Herren treffen acht 22-jährige Damen, und nur eine bleibt alleine.

Diese Zahlenassoziationen helfen vor allem dann, wenn Sie kein »externes Gedächtnis«, also nichts zum Schreiben oder zum Einspeichern dabeihaben. Zum Beispiel, wenn Sie sich beim Joggen eine Handynummer merken möchten, die Sie auf einem Zu-vermieten-Schild lesen. Typisch sind auch Situationen, in denen Sie eine Nummer im Radio hören oder im TV sehen, aber Zettel und Stift sind gerade nicht greifbar. Mir ging das neulich so, als ich in der TV-Show »The next Uri Geller« für meinen Favoriten Jan Becker stimmen wollte. In solchen Situationen hilft am besten die sogenannte phonetische Schleife: Wenn Sie eine Nummer gehört haben, lassen Sie das Gehörte in einer Endlosschleife immer wieder vor Ihrem geistigen Ohr ablaufen. Wiederholen Sie das Gehörte ohne Unterbrechung. Und zwar so lange, bis die Information sicher zu Papier gebracht ist.

Geistiges Ohr? Richtig! Wir haben nicht nur ein geistiges Auge, wir haben auch ein geistiges Ohr. Unsere Vorstellungskraft, unsere Fähigkeit, die Wirklichkeit zu simulieren, erstreckt sich über alle Sinne. Im Grunde haben wir sogar eine geistige Nase, eine geistige Zunge und einen geistigen Tastsinn. Und je mehr Sinne an einer Vorstellung beteiligt sind, umso stärker ist die Auswirkung aufs Gedächtnis.

Die Zahlenassoziationen und die phonetische Schleife werden Ihnen im Alltag gute Dienste leisten. Im Profibereich, bei den Gedächtnissportlern, sind noch trickreichere Techniken im Einsatz. Die Profis überlassen es nicht dem Zufall, ob ihnen bei einer Zahl eine Assoziation einfällt. Sie haben ein sinnstiftendes System: Jede Ziffer wird durch einen Buchstaben ersetzt: 1 = t, 2 = n, 3 = m, 4 = r, 5 = l, 6 = sch, 7 = g, 8 = f, 9 = b. Durch Anwendung dieses sogenannten Major-System-Codes werden Zahlenkolonnen in Reihen von Konsonanten verwandelt, Ziffer für Ziffer. Unter Beimischung von Vokalen entstehen Wörter und aus diesen Wörtern wiederum Geschichten. Kleines Beispiel: Die Ziffern »1« und »2« werden zu »t« und »n«. Dann werden passende Vokale beigemischt, und aus »t« und »n« entsteht das Wort »Tanne«. Die Ziffern »1« und »3« werden auf gleichem Wege zur »Tomate«. Die Ziffernfolge »1213« wird entsprechend zur »Tanne, an der Tomaten wachsen«. So werden aus vierstelligen abstrakten Ziffern starke mentale Bilder. Probieren Sie es mal mit Ihrer Geheimzahl aus.

Richtig nützlich ist dieses System, wenn Sie sich wirklich lange Ziffernfolgen merken wollen. Und es gibt Menschen, die wollen das. Die wollen sich ein paar Tausend Nachkommastellen der Kreiszahl Pi merken. Zum Beispiel Chao Lu aus China. Im Jahr 2005 stellte er seinen Weltrekord auf und erinnerte sich mal eben an 67.890 Nachkommastellen. Gott sei Dank hat die Zahl Pi unendlich viele Stellen nach dem Komma, so dass es Chao Lu nicht langweilig wird. Ein weiterer Pi-Besessener ist Dr. Ulrich Voigt aus Hamburg, Autor von »Esels Welt« und Betreiber eines Spezialverlages für Mnemotechnik. Vor ein paar Jahren traf ich Dr. Voigt auf eine kreisrunde Tasse Tee, und er erzählte mir von einem literarischen Experiment. Er plante die Zahl Pi in eine Art unendliche Geschichte zu verwandeln, eine Geschichte, die durch das Umwandeln von Ziffern in Buchstaben entsteht. Inzwischen gibt es diese Geschichte. Ihr Titel und Anfang lautet »Mata Hari«. Denn die ersten Ziffern der Zahl Pi sind »3,14...«, daraus wird »m, tr...« und daraus wiederum »Mata Hari«. Leuchtet ein, oder? Falls Sie interessiert, wie es weitergeht, Sie finden die schräge Geschichte auf *www.likanas.de*.

Ich gehe davon aus, dass Sie weder Chao Lu den Rekord abjagen noch eine experimentelle Beziehung zur Zahl Pi eingehen wollen. Was sich aber auf jeden Fall lohnt, ist, auch in Zahlen nach Bedeutung zu suchen, sie liebevoll zu betrachten, als kleine abstrakte Symbole, die der Zuwendung bedürfen, sie vor dem geistigen Auge geschrieben zu sehen, sie vor dem geistigen Ohr erklingen zu lassen. Stiften Sie ihnen einen Sinn. Ihr Gedächtnis wird sich bedanken.

Mehr als merkwürdige Meisterschaften

Ein Besuch bei der Gedächtnismeisterschaft
und drei sportliche Testaufgaben.

Sie müssen unbedingt einmal zu einer Gedächtnismeisterschaft fahren. Das ist wirklich sehenswert. Der Gedächtnissport ist die einzige Sportart, bei der die Athleten völlig bewegungslos auf ihren Plätzen verharren. Sie tragen Ohrenstöpsel, legen die Stirn in Falten und lutschen Traubenzucker.

Die Disziplinen tragen schwungvolle Namen wie Zahlensprint, Wörterlauf oder Binärziffernmarathon. Und trotzdem bewegen sich die Sportler keinen Millimeter von der Stelle. Zumindest nicht äußerlich. Der Zuschauer kann nur erahnen, wie der Hirnmuskel hinter der Denkerstirn tobt. Wenn der erfolgreichste deutsche Gedächtnissportler, Dr. Gunther Karsten, ein gemischtes 52-Blatt-Spiel durchblättert und sich dessen Reihenfolge in 46 Sekunden einprägt, dann rast sein Geist in Höchstgeschwindigkeit durch eine bizarre mentale Bilderwelt. Sie können sicher sein: Wenn diese mentale Bilderwelt für die Zuschauer sichtbar wäre, dann hätte der Gedächtnissport der Formel 1 schon längst den Rang abgelaufen. Vielleicht steckt ja auch in Ihnen ein Gedächtnissportler? Mit freundlicher Genehmigung des Veranstalters der Meisterschaften, Klaus Kolb, darf ich Sie jetzt einladen, sich im meisterlichen Merken zu versuchen. Die folgenden Instruktionen sowie das Datenmaterial stammen aus der Meisterschaft der Profis. Lediglich die Menge habe ich für Ihre Testaufgaben ein wenig begrenzt. Viel Vergnügen.

Disziplin »Wörterlauf«

Einprägen möglichst vieler willkürlich ausgewählter Wörter in der richtigen Reihenfolge. Der Rekord in der Einprägezeit von 15 Minuten liegt bei 227 Wörtern. Das sind etwa 15 Wörter pro Minute, also nur vier Sekunden pro Wort. Testaufgabe: Versuchen Sie, sich die folgenden 20 Begriffe in der richtigen Reihenfolge zu merken. (Sie können dabei die schon beschriebene Kettenmethode anwenden und jeden Begriff mit dem nächsten assoziieren. So entsteht eine Geschichte wie in dem Training mit Henry Maske.)

1. Stab
2. Welt
3. Klima
4. spalten
5. Bank
6. Familie
7. Interview
8. Flughafen

9. Jungbrunnen
10. Seiten
11. Seele
12. Betrieb
13. Kunde
14. Gipfel

15. Doping
16. Pflegekasse
17. blockieren
18. Kugel
19. Frau
20. Kaiser

Disziplin »Datensprint«

Einprägen möglichst vieler Jahreszahlen zu fiktiven geschichtlichen Ereignissen. Der Rekord in der Einprägezeit von fünf Minuten liegt bei 86 Daten. Das sind weniger als vier Sekunden pro Datum und Ereignis. Testaufgabe: Versuchen Sie, sich die folgenden zehn fiktiven Ereignisse zur jeweiligen Jahreszahl zu merken. (Sie können dabei den auf Seite 74 beschriebenen Major-System-Code auf die Jahreszahlen anwenden und die Zahlen dann mit den Ereignissen assoziieren. Sie können den Jahreszahlen natürlich auch auf andere Art einen Sinn entlocken.)

1990 – Zeppelin befördert 10.000sten Passagier
1767 – Bergführer erhalten 30 Prozent mehr Lohn
1563 – Reitergebühr schreckt nicht ab
1873 – König darf ins Schloss zurück
1883 – Ausstellung »Der rote Schwimmer« eröffnet
1456 – Mehr Kopfgeld für Jan Ullrich
1284 – Orkan »Guido« überrascht Meteorologen
2012 – Wahl Bushs zum Präsidenten annulliert
1657 – Die Simpsons ziehen um
1989 – Billigbenzin wird verboten

Disziplin »Zahlensprint«

Einprägen möglichst vieler Ziffern einer Zahlenkolonne in der richtigen Reihenfolge. Der Rekord in der Einprägezeit von 5 Minuten liegt bei 396 Ziffern. Das ist weniger als eine Sekunde pro Ziffer. Testaufgabe: Versuchen Sie, sich die folgende Zahlenkolonne zu merken. (Sie können dabei den Major-System-Code anwenden, die Zahlen in Buchstaben umwandeln und Wörter und Geschichten erfinden. Sie können die Zahlenkolonne aber auch in Ziffernblöcke teilen, die für Sie irgendeinen anderen Sinn ergeben. Vielleicht ist 167 Ihre Hausnummer, 57 Ihr Alter, 93 das Alter, das Sie noch erleben möchten, und so weiter.)

1675793528495590304750315507937185815996o

In Deutschland werden Gedächtnismeisterschaften seit 1997 durchgeführt. Um die Memo Masters herum können Sie das Mind Festival erleben: ein Rahmenprogramm mit Vorträgen, Workshops, Entertainment und einer eigenen Messe. Wirklich empfehlenswert. Und gut möglich, dass wir uns da mal persönlich begegnen. Regelmäßig bin ich als Entertainer mit dabei oder moderiere die Siegerehrung. Wenn Sie Spaß an den Testaufgaben hatten, selbst Gedächtnissport treiben möchten oder sich für das Mind Festival interessieren: Alle Disziplinen und weitere Infos finden Sie unter *www.memomasters.de*.

3. KAPITEL

Namen merken – ein Kapitel für sich

Wissenswertes über Nachnamen

Ein kurzer Abriss über ihre Geschichte und Herkunft.

Peinlich, peinlich. Sie gehen durch die Fußgängerzone, und auf 30 Meter Entfernung strahlt Sie jemand an. Sie wissen genau, Sie kennen diesen Menschen. Aber Sie wissen nicht mehr, woher – und er kommt näher, und näher, und näher. Der Name liegt Ihnen auf der Zunge, aber er fällt Ihnen nicht ein. Sie spüren Panik aufsteigen. Am liebsten würden Sie schnell die Straßenseite wechseln oder im Erdboden versinken. Aber dafür ist es zu spät, denn Sie haben bereits zurückgelächelt. In dieser Situation bleibt Ihnen nur die Flucht nach vorn. Sie geben sich einen Ruck und sagen: »Na so was. Du hier. Wir haben uns ja lange nicht gesehen.« Und dann stellen Sie die entscheidende Frage: »Wo war das noch?« Merken Sie sich unbedingt diese Frage: »Wo war das noch?« Dann muss der andere erst einmal überlegen. Und in die peinliche Stille schieben Sie hinterher: »Aber du weißt schon noch, wie ich heiße, oder?« Das ist zwar nicht nett, rettet Sie aber aus dieser unangenehmen Lage.

Namen vergessen ist ein Fettnäpfchen, und zwar ein modernes Fettnäpfchen. Damals, als alles anfing mit uns Menschen, war Namenmerken noch kein Problem. Denken Sie an Adam und

Eva. Wenn Adam eine Frau auf der Straße getroffen hat, dann wusste der sofort: Die heißt Eva. Selbst vor ein paar Hundert Jahren war Namenmerken noch ganz leicht. Da hieß der Müller Müller, der Meier Meier und der Schneider Schneider. Aber heute? Heute gibt es kaum noch Menschen mit einem Nachnamen, der wirklich etwas über deren Beruf verrät. Seltene Ausnahme: Ballack. Über Lahm kann man sich streiten. Und Schweinsteiger? Was haben dessen Vorfahren eigentlich beruflich gemacht?

Bis ins Mittelalter hinein war der Nachname, als sogenannter Beiname, eine ergänzende Beschreibung des Rufnamens. Und diese ergänzende Beschreibung war auch bitter nötig. Im 15. Jahrhundert hießen an manchen Orten so viele Menschen Johannes und Margareta, dass eine echte Verwechslungsgefahr drohte. Irgendwie musste man doch all die Hänsels und Gretels auf der Straße auseinanderhalten. Und die Straßen wurden voller. Aus Dörfern wurden Städte, immer mehr Menschen lebten auf immer engerem Raum zusammen. Die Lösung waren Beinamen. Ein Beiname hat beschrieben, welchen Job jemand macht, wo er wohnt, wo er ursprünglich herkommt, wie der Rufname des Herrn Papa lautet, oder wie jemand aussieht oder sich verhält. Das hat geholfen: »Der mit dem Wolf tanzt« war der, der mit dem Wolf tanzt. Die Namenforschung teilt Nachnamen entsprechend in fünf Hauptkategorien ein: Berufsname, Wohnstättenname, Herkunftsname, Rufname und Übername.

Berufsnamen sind in Deutschland mit Abstand am häufigsten. In der Hitliste der Häufigkeit sind die Plätze 1 bis 14 beruflich vergeben! Mit fast zehn Prozent liegt der Müller ganz weit vorn, gefolgt von Schmidt, Schneider, Fischer, Meyer, Weber und Schulz. Erst auf Platz 15 und mit einem Anteil von ca. zwei Prozent taucht der Nachname Klein auf. Klein, Groß, Krause,

Schwarz, das sind sogenannte Übernamen, weil sie etwas über das Aussehen des Menschen verraten. Bach und Berg heißen Menschen, weil ihre Vorfahren an einem Bach oder auf einem Berg wohnten. Die Herkunft von Herrn Westphal ist Westfalen – außer er hat den Namen seiner Frau angenommen. Und im Stammbaum der Familie Johannsen hörte eines Sohnes Papa einst auf den Rufnamen Johannes. Eine besonders schöne Unterkategorie der Übernamen möchte ich Ihnen nicht vorenthalten: den sogenannten Satznamen. Auch er beschreibt die Eigenschaften eines Menschen. Zum Beispiel: »Er ist ein Saufbold, er stürzt den Becher runter.« Aus »... stürzt den Becher ...« wurde Störtebeker, der in unseren Breiten wohl bekannteste Seeräuber.

Beinamen sind seit dem frühen Mittelalter allgemein gebräuchlich, vor allem im städtischen Bereich. Ab dem 17. Jahrhundert wurden sie formal verordnet. Und erst seitdem werden sie als Familiennamen systematisch an die nächste Generation weitergegeben. Dabei ist ganz egal, ob diese nächste Generation ebenfalls als Müller arbeitet, krause Haare hat, am Bach wohnt oder längst aus Westfalen weggezogen ist. Der Fundus an Nachnamen wurde quasi eingefroren. Aus den Beinamen mit beschreibender Funktion wurden im Laufe der Jahre beliebige Etiketten. Das erklärt, warum ein Mechatroniker heute nicht einfach Herr Mechatroniker heißt, und warum uns das Namenmerken so schwerfällt.

Mit den Kategorien aus der Namenforschung habe ich ein Spiel erfunden, das spätestens nach dem zweiten Glas Wein richtig viel Spaß macht, in nüchternen Kennenlernrunden auch schon vorher. Das Spiel heißt »Wahre Namen«. Schreiben Sie die Kategorien Berufsname, Wohnstättenname, Herkunftsname, Rufname, Übername und Satzname auf sechs Karteikarten. Erklären Sie in der Runde der Mitspieler oder Teilnehmer kurz, was diese Kategorien bedeuten. Sie können dazu die letzten Absätze aus diesem Buch vorlesen – und das Buch dabei ganz begeistert empfehlen (danke). Sobald jeder weiß, was die Kategorien bedeuten, und die Gläser noch einmal nachgeschenkt wurden, geht es los.

Die Karten werden gemischt. Der erste Mitspieler zieht eine Karte. Die Aufgabe ist dann, sich mit seinem »wahren Namen« vorzustellen, also mit dem Namen, den man laut Kategorie auf der Karte eigentlich tragen müsste. Ich heiße Wolff. Wenn ich die Karte Berufsname ziehe, könnte ich mich vorstellen mit: »Mein Name ist Herr Buchschreiber« oder »Herr Gripsmacher«. Bei Wohnstättenname wäre ich »Herr Sonnendach-Friedenau« oder »Herr Viertstock«, bei Herkunftsname »Herr Lübecker« oder »Herr Marzipanski«, bei Rufname wäre mein Name aus dem Rufnamen meines Vaters Edmund abgeleitet, als vielleicht »Herr von Eden«. Bei Übername muss ich ein typisches äußeres Merkmal oder eine Eigenschaft von mir selbst verwenden. Ich wäre »Herr Grauhaar« oder »Herr Lachfalter«. Bleibt als Letztes der Satzname. Bei mir vielleicht »Herr Drehtimmer-Wortum«. Sie sehen schon: Wenn ich die Namen tragen würde, die ich im Sinne der Namenforschung tragen müsste, dann hätten Sie mich schnell kennengelernt. Und genau das ist die Idee des Spiels »Wahre Namen«. Nach zwei bis drei Runden kennt jeder jeden.

Eine Variante des Spiels ist, gemeinsam für einen Prominenten »wahre Namen« zu erfinden. Stefan Raab hieße plötzlich Stefan Metzger und George Clooney wäre der Herr Schuhverticker. Jetzt raten Sie mal. Wer wäre der Promi, auf den alle folgenden »wahren Namen« zutreffen: Herr Friesländer, Herr Hansson, Herr Starmacher, Herr von Tötensen, Herr Braunbrand? Die Lösung finden Sie breit grinsend in der nächsten TV-Staffel von DSDS. Und auch sonst überall in den Medien.

Künstler übrigens sind mitfühlende Menschen. Sie haben Verständnis dafür, dass wir uns Namen schlecht merken können. Darum geben sie sich Namen, die uns das Merken leichter machen. Klaus Nakszyński bricht einem die Zunge, Klaus Kinski dagegen brennt sich ein. Andreas Frege klingt beliebig, Campino klingt beliebt – wie ein kleiner Campingplatz in der Toskana. Noch leichter macht es uns Peter René Baumann. Für dessen Künstlername muss man nicht mal richtig sprechen können: DJ Bobo. Und Jan Ulrich Max Vetter fordert uns sogar auf, mal wieder in die Sonne zu reisen: Farin Urlaub. Einen Nachnamen wie Keiler kann man sich gut merken, soll man aber gar nicht. Deshalb heißt Roland Keiler auf der Bühne Roland Kaiser, aus den Zähnen wurden Zacken. Horst Köhler hat auch einen Künstlernamen, nämlich Guildo Horn. Der andere Horst Köhler nennt sich Herr Bundespräsident. So kann man die beiden nicht verwechseln. Den genialsten Künstlernamen von allen hat sich Benedikt Vogel zugelegt: Ben Wettervogel. Der Mann ist Wettervogel beim ZDF. Wie der Name schon sagt.

Wenn der Name auf der Zunge liegt

Erste Hilfe für eine besonders bittere Gedächtnislücke.

Ich kann Sie beruhigen: Eigentlich ist niemand richtig gut im Namenmerken. Wir alle haben das Problem, dass Nachnamen für unser Gedächtnis beliebige Zuordnungen ohne beschreibende Funktion sind. Und wo die Verbindung fehlt, muss entweder eine aufgebaut werden, oder der Name liegt mal wieder nur auf der Zunge.

Dass etwas auf der Zunge liegt, ist ein bemerkenswertes Phänomen: Wir wissen, dass wir was wissen, aber wir wissen nicht,

was wir gerade nicht wissen. Und das ist bitter. Namen liegen ganz besonders gern auf der Zunge, vor allem abstrakte Nachnamen wie zum Beispiel Scharnowski. Andere Worte liegen fast nie auf der Zunge. Oder haben Sie schon mal erlebt, dass Ihnen das Wort »Wurst« nicht einfällt, dass Sie beim Grillen in die Runde fragen mussten: »Möchte noch jemand eine ... wie heißt das Ding nochmal?« Wahrscheinlich nicht. Der Unterschied ist klar: Die Wurst haben Sie durch tausendfache Wiederholung seit frühester Kindheit tiefschwarz in Ihr mentales Lexikon eingebrannt. Den Herrn Scharnowski dagegen nicht – den haben Sie erst ein- oder zweimal getroffen. Sein Name ist mental nur zart und bleistiftdünn notiert, kaum lesbar, leicht ausradierbar. Herr Scharnowski ist keine Wurst. Wenn der plötzlich vor Ihnen steht, wissen Sie zwar, dass Sie seinen Namen schon gehört und verwendet haben, Sie ahnen sogar, mit welchem Buchstaben er beginnt, und wie viele Silben der Name hat, aber Sie können ihn trotzdem nicht abrufen.

Und dann passiert etwas sehr Ärgerliches: Je mehr Sie sich bemühen, den Namen zu erinnern, umso weniger fällt er Ihnen ein. Das ist so, als wenn Sie immer und immer wieder an einer fest verschlossenen Tür rütteln. Die Tür geht trotzdem nicht auf. Der Trick ist: Sie müssen durch eine andere Tür ins Zimmer. Was heißt das praktisch? Suchen Sie nicht krampfhaft weiter nach dem Namen. Erinnern Sie sich zunächst daran, was Sie mit diesem Herrn Name-auf-der-Zunge zuletzt erlebt haben. Wer noch dabei war. Wie die Stimmung war. Was Sie gefühlt, gesehen, gehört haben. Erwecken Sie die ganze Situation vor

Ihrem geistigen Auge zum Leben. Damit aktivieren Sie alle verfügbaren Assoziationen, öffnen alle Fensterchen und Türen, bis der Name Ihnen plötzlich ins Bewusstsein springt. Diese Methode des Aktivierens hilft gut, aber nicht garantiert. Wenn Sie einen Namen garantiert erinnern wollen, dann bitte weiterlesen!

Kleiner Knigge für Namenversteher

*Verhaltensregeln, die regeln, wie Sie beruflich
und privat geschickt mit Namen umgehen.*

Bevor ich Ihnen in diesem Kapitel verrate, wie Sie sich Nachnamen besser merken können, erlauben Sie mir eine Frage: Was glauben Sie, ist der häufigste Grund, dass Sie einen Namen nicht erinnern? Sie werden verblüfft sein. Der häufigste Grund ist, Sie haben den Namen noch nie wirklich gehört! Genauer gesagt: Sie haben den Namen »akustisch nicht verstanden«. Wie wollen Sie ihn dann erinnern? Sie können ja auch nichts aus dem Kühlschrank rausholen, was Sie nicht reingetan haben. Und jetzt mal ehrlich: Wie häufig fragen Sie nach, wenn Sie einen Namen in einer Vorstellungsrunde nicht klar und deutlich wahrgenommen haben? Geben Sie also nicht immer Ihrem Gedächtnis die Schuld. Ändern Sie lieber Ihr Verhalten: Hier ist mein kleiner Knigge für Sie als Namenversteher.

Die erste Vorstellungsrunde gleicht häufig einem Wettrennen. Da fliegen die Namen ins linke Ohr rein und aus dem rechten gleich wieder raus. Da stolpern Menschen mit Notebooks in Konferenzräume und versuchen gleichzeitig, das siebenköpfige Kundenteam kennenzulernen, das Handy auszumachen und sich für den ersten Kaffee zu bedanken. Und wie hieß der Assistent des Marketingleiters nochmal? Keine Chance! Wenn Sie in eine solche Runde geraten: Ruhe bewahren. Nehmen Sie sich für jedes neue Gesicht ein paar Sekunden Zeit. Nehmen Sie den Menschen wahr. Achten Sie auf den Klang des Namens. Und falls Sie den Namen nicht verstehen: höflich nachfragen. Wiederholen Sie den Namen sofort, laut oder im Geiste. Und schon haben Sie die wichtigste Voraussetzung geschaffen, den Namen überhaupt jemals wieder zu erinnern: Sie haben ihn wahrgenommen.

Diese erhöhte Aufmerksamkeit hat einen tollen Nebeneffekt: Ihr Verhalten wird als besonders höflich und zugewandt empfunden, und Sie bauen ab der ersten Sekunde eine positive Beziehung auf. Noch stärker wirkt übrigens, wenn Sie unmittelbar auf den Namen reagieren: »Das ist ja ein interessanter Name, darf ich fragen, wo der herkommt!?« Zugegeben, das funktioniert nicht so gut bei Müller oder Schmidt, aber in vielen anderen Fällen.

Außerdem: Bereiten Sie sich gezielt auf solche Begegnungen vor. Fragen Sie vorab nach den Teilnehmern von Meetings oder den Namen der anderen Gäste. Stecken Sie sich einen Zettel mit diesen Namen in die Tasche. Versuchen Sie im Vorfeld möglichst viel über die Menschen zu erfahren, dann wird die erste Begegnung auch für Sie selbst viel spannender. Die Kür ist, wenn Sie dann noch zu jedem Teilnehmer ein überraschendes Detail wissen. Zum Beispiel: »Ah, schön Sie zu treffen, Herr Dr. Acker. Ihr Team hat doch im letzten Jahr den Qualitätspreis gewonnen, oder?« Das Detail sollte allerdings wirklich überraschend sein. Nicht unbedingt hilfreich ist so etwas wie: »Ah, schön Sie zu treffen, Herr Dr. Bauer. Sie sind doch der Geschäftsführer, oder?«

Sobald die erste Vorstellungsrunde gelaufen ist, geht es ans Vertiefen. In Meetings fallen ständig die Namen der Anwesenden. Das ist praktisch. Spitzen Sie einfach die Ohren, und spielen Sie Meeting-Memory. Wann immer ein Name fällt, werfen Sie einen Blick auf den Namensträger. Was bei Memory nicht erlaubt ist, sollten Sie sich in Meetings angewöhnen: Notizen machen. Notieren Sie sich den Sitzplan, und zwar aus Ihrer Perspektive, mit kleinen Kritzeleien als Merkhilfe: eine Brille, ein dunkler Scheitel, eine Blümchenkrawatte. Halten Sie die typischen Merkmale bildlich fest. Das fällt übrigens am wenigsten auf, wenn Ihre Notizen sowieso schon ein bilderreiches Mindmap sind. Manchmal mache ich in Meetings abschließend sogar ein Gruppenfoto. Das ist eine gute Vorbereitung fürs Wiedersehen – und Sie bleiben im Gespräch.

Wenn im Business die namentliche Begrüßung zur Etikette gehört, wird manchmal mit ganz besonderen Methoden gearbeitet. Grandios fand ich das Vorgehen eines Münchener Hotelchefs, der 400 VIPs eingeladen hatte, um einen neuen Konferenzbereich seines Hotels zu eröffnen. Seine Empfangsdame stand am Desk, fragte die ankommenden Teilnehmer nach deren Namen und hakte die VIP-Liste ab. Dann strahlte sie die Gäste noch einmal an und sagte: »Herzlich willkommen, Frau Mosacher.« So weit, so gut. Der Trick war: Der Hotelchef stand ein paar Meter weiter am Saaleingang, aber immer noch in Hörweite. So konnte er die VIPs aus dem Stand mit Namen begrüßen: »Schön, dass Sie kommen konnten, Frau Mosacher, genießen Sie den Abend!« Den Gästen ist das nicht aufgefallen. Sie wurden gemäß ihrer Erwartung mit Namen begrüßt. Diese Erwartung war häufig gar nicht berechtigt. Denn der Hotelchef verriet mir, dass er einige Gäste erst ein- oder zweimal zuvor persönlich getroffen hatte. Und das lag in einigen Fällen bereits Monate oder sogar Jahre zurück. Trotzdem wusste er um die Erwartung seiner Gäste – und erfüllte sie meisterhaft.

Auch in privaten Situationen hilft ein »Vorsager« oder eine »Vorsagerin«. Bei mir übernimmt das meine Frau Tina. Wir sind ein hervorragend eingespieltes Team. Wann immer wir Menschen treffen, deren Namen sie kennt, deren Namen ich aber augenscheinlich vergessen habe, geht sie in die Offensive. Tina begrüßt diese Menschen dann einfach zuerst. Und zwar nicht nur mit »Hallo!«, sondern deutlich mit Namen. Dann kann ich meine Begrüßung wie selbstverständlich anschließen.

Aber es gibt auch Situationen, da kommt jemand auf uns beide zugeschossen und sagt: »Hallo, Bernhard, wie geht's, kannst du dich noch erinnern?« Häufiger, als mir lieb ist, habe ich überhaupt keine Ahnung, setze aber alles auf eine Karte und antworte: »Na klar, übrigens, darf ich vorstellen, das ist meine Frau.« Gekonnt übernimmt dann Tina mit den Worten: »Hallo, ich bin Tina.« Das wiederum bringt den Unbekannten dazu, sich ebenfalls mit Namen vorzustellen. Bingo. Ich schnappe den Namen auf, und manchmal fällt mir dann auch der Rest der Geschichte wieder ein.

Wenn Sie zu den Menschen gehören, die regelmäßig Tagungen oder Kongresse besuchen, dann kennen Sie diese Situation ja auch: »Mensch, toll, dass wir uns hier wiedersehen!« Der größte Fehler, den Sie jetzt machen können, ist reflexartig aufs Namensschild zu gucken. Das verrät Ihrem Gegenüber natürlich sofort, dass Ihre Freude sich in Grenzen hält, weil Sie gar nicht wissen, wer vor Ihnen steht. Mein Tipp: Freuen Sie sich erst einmal anständig, starten Sie einen Smalltalk über die letzte Präsentation, zücken Sie die Agenda und werfen Sie einen gemeinsamen Blick darauf. Dann ist der Augenkontakt auf ganz natürliche Art und Weise unterbrochen, und Sie können heimlich aufs Namensschild spicken. Nur wenn Sie Glück haben, steht der Name dort so groß und deutlich, dass Sie ihn tatsächlich lesen können. Seit Jahren frage ich mich, warum diese Schilder nicht etwa doppelt so groß sind. Ein besonderes Drama sind Namensschilder zum Umhängen. Erstens sehen erwachsene Menschen damit aus wie Schlüsselkinder, zweitens baumeln diese Dinger vorm Bauch, und da will man gar nicht immer hinschauen, und drittens stehen die Chancen, dass die richtige Seite nach vorne zeigt, leider nur fifty-fifty. Wenn am Ende alle Versuche scheitern, den Namen heimlich abzulesen, gehen Sie in die Offensive. Greifen Sie sich das Schild, und lesen Sie den Namen vor: »Robert Kaiser, ein Name, den man sich merken sollte.« Und das machen Sie dann am besten auch.

Eine tolle Idee im Zusammenhang mit Namensschildern hatten die Veranstalter einer Speaker Convention in New York, an der ich teilgenommen habe. Jeder Teilnehmer hatte eine Handvoll Sticker mit dem eigenen Namen drauf in der Tasche. Nach einem Kennenlerngespräch hat man sich diesen Sticker dann gegenseitig unten ans Namensschild geklebt. Und wenn da schon ein Sticker klebte, wurde der nächste Sticker einfach unten hinzugefügt. Schon nach dem ersten Tag liefen die meisten Teilnehmer mit zahlreichen Stickern an ihren Namensschildern herum. Und natürlich wurde der Ehrgeiz immer größer, die Anzahl der Neukontakte zu steigern. Xing am Körper, ein großer Spaß.

Zum Knigge des Namenmerkens gehört auch, sich selbst so vorzustellen, dass Ihr Gegenüber sich Ihren Namen einprägen kann. Das heißt: laut und deutlich. Und mit Ankündigung. Sagen Sie ruhig: »Mein Name ist ...« Dann weiß Ihr Gesprächspartner: Jetzt muss ich die Ohren spitzen. Charmant ist auch, gleich eine kleine Eselsbrücke mitzuliefern, oder einen Hinweis zur Schreibweise: »Wolff wie der böse Wolf, aber mit ff« oder »Schwarz wie weiß« oder »Burow wie der aus den Nachrichten«. Ein legendäres Beispiel ist die Szene in dem Film »Die Feuerzangenbowle« mit Heinz Rühmann. Als Schüler Pfeiffer stellt sich Rühmann vor mit den Worten: »Johann Pfeiffer, mit drei f, eins vor dem Ei, zwei hinter dem Ei, bitte.«

Johann Pfeiffer hat es vorgemacht. Aber auch ohne Ei fällt Ihnen bestimmt was für Ihren eigenen Namen ein!

Achtung Test – Ergebnis inklusive!

Ein kurzer Test, der mehr über Ihr Gedächtnis verrät als so manches komplizierte Fachbuch.

Genug geplaudert, jetzt wird es ernst. Zeit für die erste mentale Trainingsrunde in Sachen Namenmerken. Bitte lesen Sie die folgende Liste mit Nachnamen in Ruhe durch. Aber nur ein einziges Mal:

> Gongola, Maus, Scharnowsky,
> Jauch, Schwitala, Bäcker,
> Gongola, Schmedicke, Hase,
> Jelinski, Gottschalk, Hilger,
> Fischer, Gongola, Riedeger,
> Igel, Klemin, Feldbusch,
> Wessling, Löwe, Fleischer

Nehmen Sie jetzt Stift und Papier zur Hand und schreiben Sie alle Namen auf, die Ihnen spontan wieder einfallen. Sehr gut, vielen Dank fürs Mitmachen. Für den Fall allerdings, dass Sie gerade keinen Stift und kein Papier zur Hand haben, verrate ich Ihnen gern, was Sie aufgeschrieben hätten. Garantiert hätten Sie Gongola notiert. Bestimmt auch Gottschalk. Bei Gottschalk wären Ihnen Jauch und Feldbusch wieder eingefallen – vielleicht auch andersrum. Sie hätten Maus, Hase und Löwe direkt nebeneinander notiert. Ebenfalls Bäcker, Fischer, Fleischer. Ein paar andere Namen würden sehr wahrscheinlich auf der Liste fehlen: Namen wie Hilger, Klemin oder Riedeger. Hunderte Male habe ich diesen Test in Trainings und Vorträgen durchgeführt. Das Ergebnis ist immer das gleiche. Und es zeigt sehr deutlich, nach welchen Gesetzmäßigkeiten unser Gedächtnis von Natur aus funktioniert. Erstens: Wiederholung hilft, und zwar massiv. Gongola ist ein schräger Name, eigentlich schwer zu behalten, aber dreimal wiederholt, ist er garantiert gelernt. Zweitens: Bilder helfen dem Gedächtnis. Fast alle erinnerten Namen sind solche, die sofort ein Bild im Kopf entstehen lassen. Und drittens: Verbindungen helfen dem Gedächtnis. Wer an Jauch denkt, hat mental die Schublade TV-Stars geöffnet, und kommt ganz schnell auf Gottschalk. Oder auf Feldbusch. Je nachdem.

Fassen wir die Ergebnisse unserer kleinen Testrunde zusammen. Was hilft dem Gedächtnis? Wiederholung, Bildhaftigkeit und gute Verbindungen! Es gibt Bücherberge, vor allem im Bereich kognitive Psychologie, in denen Sie die Theorie dahinter und jede Menge empirische Belege finden. Aber wozu die graue Theorie, bringen wir lieber Farbe in die grauen Zellen, und stürzen wir uns ins pralle Denken.

Bilder von Tausenden Stewardessen

*Wie man in Namen Bilder entdeckt,
die dem Gedächtnis gute Dienste leisten.*

Namen lassen sich leichter merken, wenn sie Bilder im Kopf auslösen. Aber was, wenn jemand nicht Hase oder Fischer oder Feldbusch heißt? Sondern vielleicht Prohaska oder Scharnowski oder Luddeneit? Wenn also der Name auf den ersten Blick überhaupt nichts Konkretes aussagt? Auch für solche Namen lassen sich Bilder und Assoziationen finden. Luddeneit? Das klingt wie Luther, der gerade einen Eid leistet.

Ich verspreche Ihnen: In wirklich jedem Namen steckt ein Bild. Ich habe in den letzten Jahren Tausende Namen in merkwürdige Bilder verwandelt. Nicht weil ich sonst nichts zu tun habe, sondern weil ich auf Tagungen und Events alle Teilnehmer im Saal mit ihrem Namen begrüße. Aus dem Gedächtnis. Das ist mein Eisbrecher als Moderator und Entertainer. In meinem Schrank stehen Aktenordner voller Teilnehmerlisten: mit Namen von Managern, Jubilaren, Vertriebsmannschaften oder CEOs aus der ganzen Welt. In diese Listen habe ich kleine Bilder gekritzelt, Buchstaben sind ergänzt oder gestrichen, und Silben stehen scheinbar sinnlos zwischen den Zeilen. Jeder einzelne Name hat – wenigstens für ein paar Stunden – als Bild in meinem Kopf existiert.

Für die Flugbegleiter und Flugbegleiterinnen einer großen Airline habe ich eine Vortragsreihe für jeweils Hundertergruppen durchgeführt. Es gab ein klares Ziel: die Servicequalität in der Kabine durch namentliche Ansprache der Fluggäste zu verbessern. Namenmerken ist ein Servicethema, definitiv. Und mein besonderer Service für meinen Auftraggeber war, mir für über 30 Veranstaltungen hinweg jeweils alle Namen der Hundertergruppe zu merken.

Für dieses Buch – also für Sie – habe ich alle meine Namenlisten noch einmal systematisch durchgeschaut. Ich wollte herausfinden: Wo, zum Teufel, kommen die spontanen bildlichen Assoziationen eigentlich her? In welchen Windungen des Gehirns werden Sie fündig? Was müssen Sie mit einem Namen anstellen, damit es plötzlich *klick* macht im Kopf und eine Assoziation entsteht? Hier das Ergebnis: Ich habe für Sie eine Checkliste zusammengestellt, mit deren Hilfe Sie Namen auf Assoziationen abklopfen können. Und ich gebe Ihnen jeweils ein konkretes Beispiel, wie Sie die Assoziation mit dem Namensträger in Verbindung bringen können.

Die Assoziations-Checkliste für Nachnamen

Assoziation	Beispiel
Berufsname: Steckt in dem Namen ein Beruf oder eine Tätigkeit?	Müller – steht als Müller vor seiner Mühle.
Übername: Verrät der Name etwas über Aussehen oder Charakter?	Klein – schrumpft vor Ihren Augen und ist plötzlich winzig klein.
Rufname: Steckt in dem Nachnamen vielleicht ein Vorname?	Peters – ist das Kind eines Ihnen bekannten Peters.
Herkunftsname: Verrät der Name etwas über eine geografische Herkunft?	Westphal – kommt aus Westfalen und spricht auch so.

Bilder von Tausenden Stewardessen

Assoziation	Beispiel
Wohnstättenname: Beschreibt der Name die Umgebung einer Wohnstätte?	Lindner – haust unter Linden.
Satzname: Steckt in dem Namen ein ganzer Satz oder eine Aussage?	Störtebeker – ist ein Saufbold und stürzt den Becher.
Klangnähe: Welche Bedeutungen erklingen in dem Namen?	Jurk – singt wie Sinatra New York, New York.
Alte Bekannte: Kennen Sie jemanden, der denselben Namen trägt?	Becker – spielt mit Boris Becker Tennis.
Vokabel: Hat der Name in einer anderen Sprache eine Bedeutung?	Kabritsch – fährt mit seinem Auto (Car) über eine Brücke (Bridge).
Erste Silbe: Welche Begriffe beginnen mit der gleichen ersten Silbe?	Spagow – Spar, Spargel, Spagat, Spaghetti, Spaziergang ...
Fantasievolle Definition: Für wen oder was könnte der Name stehen?	Nierobisch – ist die Sprache, die in Nairobi gesprochen wird.
Gegenteil: Kann man das Gegenteil des Namens bilden?	Hundemann – Katzenfrau.
Reim: Worauf reimt sich der Name?	Weppich – sitzt auf seinem Teppich.
Schüttelreim: Lässt sich ein Schüttelreim bilden?	Fellerke – ist eine Kellerfee.
Kurzform: Könnte der Name ein sogenanntes Kofferwort sein?	Stold – wohnt in einer Stadt aus Gold.
Silbengeschichte: Lässt sich aus den Silben eine Geschichte erzählen?	Jakowski – eine Jacke auf Skiern.
Buchstabenspiel: Entsteht beim Weglassen, Addieren oder Tauschen von Buchstaben ein Sinn?	Renkel – hat viele Urenkel. Hansch – trägt Handschuhe.
Name rückwärts: Ergibt der Name rückwärts einen Sinn?	Abut – spielt Tuba.

Bilder und Assoziationen suchen: Das ist eine Angewohnheit, die sich lohnt. Beim Blättern in der Zeitung, beim Fernsehen, in Meetings, in Kennenlernrunden: Machen Sie aus Ihrem Gehirn eine Sofortbildkamera. Wann immer Sie einen Namen hören oder lesen, machen Sie sofort ein Bild daraus. Mal geht das ganz schnell, wie bei Wolff. Mal muss sich das Bild mit Fantasie entwickeln, wie bei Luddeneit. Wichtig dabei: Vergessen Sie einfach die genaue Schreibweise. Entscheidend ist der Klang. Wie klingt der Name? Welche Bedeutungen schwingen mit? Probieren geht über Studieren. Hier sind 26 echte Nachnamen, von A bis Z, und nicht ganz einfach. Sie sind eingeladen, bildliche Assoziationen zu suchen. Im Anhang finden Sie ein Lexikon der Assoziationen, auf das ich an anderer Stelle noch näher eingehen werde. Dort können Sie nachschauen, mit welchen Bildern ich mir die Namen gemerkt habe.

Abbattista, Butzin, Czudnochowski, Denekas, Exner, Fensch, Gedecksnis, Huber, Ianella, Jedzig, Krayer, Leipold, Massafra, Navarre, Öztan, Petroglou, Quadflieg, Rentsch, Svoboda, Tiersch, Unterlöhner, von Sydow, Wopp, Xaver, Yazici, Zeljak

Bilder von Tausenden Stewardessen

Namen und Gesichter – eine schwierige Beziehung

Das Gesicht kommt Ihnen bekannt vor, aber der Name fällt Ihnen nicht ein? Das lässt sich ändern!

Wir haben im Großhirn ein Areal, das auf die Wahrnehmung von Gesichtern spezialisiert ist. Wir haben aber kein Areal, das auf die Wahrnehmung abstrakter Nachnamen spezialisiert ist. Das ist schade. Aber in der Evolution haben sich Gesichter ein paar Millionen Jahre früher breitgemacht als Nachnamen. Kein Wunder also, dass viele Menschen sagen: »Ich kann mir echt gut Gesichter merken, aber irgendwie keine Namen.« Glauben Sie mir: andersrum wäre auch wirklich nicht normal.

Was also tun, damit Namen und Gesichter zusammen im Gedächtnis bleiben? Ist diese ungleiche Beziehung überhaupt zu retten? Das liegt an Ihnen. Wie man aus Namen Bilder macht, damit haben wir uns schon beschäftigt. Und somit sind 90 Prozent der Arbeit auch schon getan. Jetzt geht es nur noch darum, diese Namenbilder mit dem dazugehörigen Menschen in Verbindung zu bringen. Denn das Ziel ist ja, dass Ihnen der Name automatisch wieder einfällt, wenn Sie der Person das nächste Mal vis-à-vis gegenüberstehen, und zwar so automatisch, als wäre sein Name dem anderen quer übers Gesicht geschrieben. Mit etwas Mnemotechnik haben Sie es fast genauso leicht: Sie müssen den Nachnamen, konkreter das Namensbild, an der Person festmachen, an einem typischen äußeren Merkmal. Wenn jemand eine Glatze hat und Buschmann heißt, dann stellen Sie sich vor, wie ein Busch auf der Glatze wächst. Sobald Sie die Glatze das nächste Mal wiedersehen oder nur an sie denken, fällt Ihnen Buschmann automatisch wieder ein.

Es kann natürlich sein, dass Sie mehrere Glatzen kennenlernen, zum Beispiel in einem Marketingmeeting. Für diesen Fall variieren Sie ein bisschen. Mal ist die schwarze Brille das typische Merkmal, mal die gelbe Krawatte, vielleicht auch die Sommersprossen, ein ständiges Husten, der Dreitagebart, die geheimnisvollen grünen Augen, das hässliche Sakko oder eine besonders piepsige Stimme. Merkmale gibt es genug.

Machen wir doch mal einen Termin mit Menschen, die Sie noch nicht kennen: Am Tisch sitzen Herr Alboth, Frau Hübler, Herr Opitz, Herr Schmidt und Frau Willroth. Und Sie. Sie sind ein guter Beobachter, und während das Meeting läuft, bauen Sie sich Ihre Eselsbrücken. Herr Alboth hat eine große Klappe. Sie stellen sich vor, wie er ruft: »Alle Mann ins Boot.« Frau Hübler runzelt die ganze Zeit die Stirn. Sie machen sich Ihren Reim darauf: Frau Hübler ist ein Grübler. Herr Opitz ist beleibter ist als alle anderen, wahrscheinlich weil er ständig Ofenpizza verdrückt. Herr Schmidt sagt gar nichts, den tauschen Sie im Geiste gegen Harald Schmidt aus. Und Frau Willroth hat eine grüne Bluse an. Die Bluse kann sprechen und sagt: »Will rot sein!« Wenn Sie später noch im Smalltalk zusammenstehen, dann werden Ihnen die Eselsbrücken gute Dienste leisten. Und falls jemand Sie fragt, warum Sie die ganze Zeit über geschmunzelt haben, dann sagen Sie einfach: »Weil mich das Meeting wirklich auf gute Ideen gebracht hat!«

Eine Verbindung zwischen einem Merkmal und einem Namensbild ist ein mentaler Sekundenkleber, eine erste Hilfe. Auch hier kommen die sieben Merkwirkstoffe für starke Assoziationen zur Anwendung (siehe zweites Kapitel). Je häufiger Sie den Namen im Anschluss benutzen, umso schneller landet er im Langzeitgedächtnis.

Über Vornamen und einfallsreiche Eltern

Bitte unbedingt lesen, bevor Sie das Kind beim Namen nennen.

Bis jetzt haben wir nur über Nachnamen gesprochen. Aus einem einfachen Grund: Wenn Sie Merktechniken für Nachnamen draufhaben, dann können Sie diese auch auf Vornamen anwenden, sogar noch viel einfacher. Bei Nachnamen ist ja das Problem: Es gibt fast unendlich viele, und Sie müssen die Bilder und Assoziationen immer aufs Neue erfinden. Für Vornamen haben Sie schnell ein paar Standards parat. Thomas ist die Tomate. Claudia ist die, die klaut. Und Jürgen ist immer Würgen. Wir wollen das für Jürgen nicht hoffen, aber merken lässt sich sein Vorname so ganz gut.

Im Gegensatz zu Nachnamen sind Vornamen Modesache. Und jede Mode hat ihre Zeit. Deshalb verraten Vornamen auch häufig das Alter eines Menschen: Hans und Renate sind um die 60 Jahre alt, Thomas und Sabine um die 40 Jahre, Kevin und Mandy um die 30 Jahre – und aus dem Osten. Und dann gibt es auch noch die wiederkehrenden Moden. Anna beispielsweise war der beliebteste Mädchenvorname von 1892 bis 1900. Und Anna ist einer der beliebtesten Vornamen seit Mitte der 1990er. Zwischendurch war Anna out. Was lernen wir daraus? Wer will, dass sein Kind später einen topmodischen Namen trägt, der muss antizyklisch verfahren. Er muss sein Kind heute mit einem Namen versehen wie Horst, Waltraud oder Gisbert. Solche Namen kommen wieder. Wahrscheinlich.

Natürlich gibt es auch Vornamen, die kein Mensch je zuvor gehört oder getragen hat. Tendenz solcher Namen in Deutschland: steigend. Was steckt dahinter? Vermutlich der Ehrgeiz der Eltern, ihre Kinder per Namensgebung zu etwas Besonderem zu machen! Ja, Eltern in Deutschland zermartern sich das Hirn, wie sie ihre durchschnittlich 1,3 Kinder nennen sollen. Bis zur Grenze des guten Geschmacks ist es dabei manchmal nur ein kurzer Weg. Über Zwonimir und Hyacintha hätte ich jedenfalls noch einmal nachgedacht.

Wenn das Thema bei Ihnen gerade ansteht: Sie dürfen erfinderisch sein, solange das Kindeswohl gewahrt bleibt und Sie sich an ein paar Grundregeln halten. Erstens: Der Name muss eindeutig männlich oder weiblich sein, zumindest so eindeutig wie das Kind. Zweitens: Beim Namen darf es sich nicht um Sachbezeichnungen handeln. Also die Tochter darf nicht Waschmaschine heißen oder der Sohn Walkman. Drittens: Geschwister dürfen nicht gleich heißen. »Gleich« ist auch ein blöder Name. Und viertens: Albernheit ist verboten – aber Albert ist erlaubt. Sie sehen, es tauchen Widersprüche auf im Namensrecht. Sie dürfen Ihren Sohn nicht Tulpenheini nennen, aber die Tochter Rosemarie. Das erkläre mir mal einer.
Besonders einfallsreich sind Promis. Deren Kinder heißen häufig so wie der Ort, an dem sie gezeugt wurden: Brooklyn Beckham, Chelsey Clinton, Paris Hilton oder Anna Ermakowa – gezeugt Anna Wand.

Das Fazit: Liebe Eltern, überlegt euch bitte, was ihr euren Kindern antut. Und liebe Standesbeamte, fragt doch im Zweifel noch einmal nach, wenn die Eltern dann vor euch stehen: Wollen Sie Ihre Tochter wirklich Maria nennen, Frau Krohn? Sie haben sich wirklich für Andy entschieden, Herr Mauer? Ellen ist ja ein schöner Name, aber vielleicht nicht gerade, wenn der Nachname Lang lautet? Alle diese Namen gibt es wirklich. Genau wie Hans Wurst, Rainer Wein und Melitta Mann. Wenn es nur solche Namen gäbe, müssten wir nach Eselsbrücken nicht mehr lange suchen.

Von Heuss bis Köhler

Eine Merktechnik zum schnellen Lernen von Listen – nicht nur geeignet für Präsidenten.

Haben Sie alle Bundespräsidenten in der richtigen Reihenfolge im Kopf? Ich erzähle Ihnen mal eine Geschichte, in der alle Namen als Eselsbrücken vorkommen. Geschichte lesen, Augen schließen, Geschichte mental wiederholen – und alle Präsidenten fallen Ihnen wieder ein.

Stellen Sie sich vor: Ein Haufen Heu (HEUSS). In dem Haufen raschelt es. Es tut sich was auf – eine Lücke (LÜBKE). Und wer kommt zum Vorschein? Ein kleiner Mann (HEINEMANN)! Der ist fleißig und schält Kartoffeln (SCHEEL). Die geschälten Kartoffeln packt er in einen Kasten (CARSTENS). Und mit dem Kasten macht er sich auf den Weg. Es ist ein weiter Weg über Weizenäcker (WEIZSÄCKER). Aber schließlich erreicht er sein Ziel: den Herzog (HERZOG). Beim Herzog zu Hause ist das Wetter rau (RAU). Da hilft ein gemütliches Feuer aus Kohle, entfacht vom Köhler (KÖHLER).

Für diese Geschichte habe ich die Kettenmethode (siehe zweites Kapitel) mit der Mnemotechnik für Nachnamen kombiniert. Das ist eine sehr praktische Kombination. Denn mit solchen Geschichten sind Sie in der Lage, Namenlisten und Gruppen von Namen ganz nach Belieben auswendig zu lernen – und mächtig Eindruck zu schinden.

Eine Merkgeschichte für die Bundespräsidenten

In einem Haufen Heu (HEUSS)

klafft eine Lücke (LÜBKE).

Hervor kommt ein kleiner Mann (HEINEMANN),

der fix Kartoffeln schält. (SCHEEL).

Er tut sie in einen Kasten (CARSTENS),

spaziert über Weizenäcker (VON WEIZSÄCKER),

bis hin zum Herzog (HERZOG).

Dort ist das Wetter rau (RAU).

Drum entzündet die Kohle der Köhler (KÖHLER).

Von Heuss bis Köhler

Für Lehrer, Redner, Führungskräfte

Coaching für einen großen Auftritt: So begrüßen Sie Hunderte Teilnehmer aus dem Gedächtnis mit Namen.

Tony Buzan, der Erfinder der Mindmaps und als Lernguru auf der ganzen Welt unterwegs, erzählte mir auf einer Convention von einem Schlüsselerlebnis. In der ersten Vorlesung seines ersten Studientages betrat der Professor den Vorlesungsraum und führte die namentliche Anwesenheitskontrolle durch, und zwar vollständig aus dem Gedächtnis. Einen ganzen Hörsaal voller Namen hatte er im Kopf. Dieser Auftritt brachte dem Professor einen legendären Ruf ein. Und der junge Tony Buzan war so von den Socken, dass er beschloss, ein fleißiger Student zu werden – und sein Lebenswerk der Lern- und Mnemotechnik zu widmen.

Für den Fall also, dass Sie Professor sind oder Lehrer, oder Redner oder Trainer, oder Politiker oder Manager, oder eine andere Art Entertainer: Für Sie lohnt es sich, mit dieser Methode zu experimentieren. Denn stellen Sie sich bitte einmal vor, Sie begrüßen alle Ihre neuen Schüler, die Teilnehmer Ihrer Tagung, die VIPs im Plenum oder alle Gäste auf einer großen Party aus dem Gedächtnis. Das wird keiner der Genannten je wieder vergessen!

Ich selbst habe vor etwa zehn Jahren angefangen, mit dem Thema Namenmerken zu experimentieren. Und wenn ich heute als Moderator oder Speaker auf Tagungen auftrete, dann kommt die »Namentliche Begrüßung aus dem Gedächtnis« regelmäßig zum Einsatz. Dieses Opening ist nicht nur unglaublich verblüffend, die namentliche Ansprache ist zugleich Eisbrecher und schafft eine sehr persönliche Atmosphäre. Die Anzahl der Teilnehmer, die Sie aus dem Gedächtnis begrüßen können, ist enorm. Mein persönlicher Rekord auf einer Tagung liegt bei 543 Nachnamen. Zugegeben, die Vorbereitung ist äußerst intensiv, Sie werden schon ein paar Stunden investieren müssen, um ein paar Minuten zu glänzen. Aber leider gilt auch für Sie die alte Las-Vegas-Regel: Über Nacht wird nur zum Star, wer tagsüber hart gearbeitet hat. Also los.

Organisieren Sie sich ein paar Tage vor Ihrem Auftritt einen aktuellen Stand der Teilnehmerliste. Am besten als offene Exceltabelle, dann können Sie nach eigenem Bedarf umsortieren. Abhängig von der Struktur der Teilnehmer entscheiden Sie dann, ob Sie die Begrüßung alphabetisch oder gruppenweise vornehmen möchten. Wenn zum Beispiel auf einer Vertriebstagung verschiedene Regionen anwesend sind, empfehle ich die Begrüßung gruppenweise: »Herzlich willkommen an die Kollegen aus der Region West. Bitte mal die Hände in die Luft, wo sitzen Sie?« Dann schießen irgendwo die Hände die Luft, und Sie können alle Namen der Region West nennen. So klappern Sie die Regionen ab, bis alle genannt sind. Nachdem Sie die Namenliste in die gewünschte Reihenfolge gebracht haben, machen Sie sich einen Ausdruck. Dann kochen Sie sich einen Tee und suchen sich einen ruhigen Ort.

In einem ersten Durchgang schreiben Sie hinter jeden Namen eine Assoziation oder kritzeln ein Bild. Machen Sie dabei Tempo. Der erste, schnelle Gedanke ist häufig der beste. Wenn Sie zu einem Namen mehrere Bilder haben, notieren Sie zunächst beide Assoziationen. Wenn Ihnen nichts einfällt, lassen Sie sich inspirieren von meinem Lexikon der Assoziationen. In einer zweiten Runde legen Sie das Namensbild fest und machen sich eine konkrete bildliche Vorstellung. Diese zweite Runde läuft sehr ruhig ab. Nehmen Sie sich Zeit, und konzentrieren Sie sich auf die Visualisierung. Stellen Sie sich jedes Bild zu jedem Namen im Geiste vor. In der dritten Runde erfinden Sie die Namensgeschichte, die alle einzelnen Namenbilder zu einer langen Kette verbindet (so wie weiter vorn im Beispiel der Bundespräsidenten). Beweisen Sie dabei Mut zu völlig bizarren, unlogischen Verbindungen. Sie können notfalls die Reihenfolge einzelner Namen noch einmal tauschen, wenn sich die Bilder dann besser in die Geschichte fügen. In der vierten Runde werden Sie zum Schriftsteller: Schreiben Sie Ihre Geschichte auf. Das unterstützt Ihr Gedächtnis zusätzlich. Außerdem lohnt es sich, eine so kreative Arbeit zu dokumentieren – und Sie können die Geschichte Ihren Zuschauern später als Erinnerung überreichen. Ab der fünften Runde geht es nur noch ums Wiederholen. Lassen Sie die komplette Geschichte mehrmals vor Ihrem geistigen Auge ablaufen, und sprechen Sie laut alle Namen aus, die in der Geschichte codiert sind. Bei diesen mentalen Proberunden werden Sie feststellen: Manche Namen, und damit manche Teile der Geschichte, laufen wie am Schnürchen. Bei anderen Namen kommen Sie aus dem Rhythmus. Hier sind die Assoziationen wahrscheinlich noch nicht stark genug. Sobald Sie alle Namen fehlerfrei draufhaben, können Sie noch einmal gezielt versuchen, das Tempo zu steigern. Und dann kann der große Auftritt kommen.

Hier ist eine kurze Liste, mit der Sie alle genannten Arbeitsschritte testweise durchspielen können. Diese Namen auf »B« stammen aus einer Show im Jahr 2007, bei der ich die Zuschauer von »A bis Z« aus dem Gedächtnis begrüßt habe. Erfinden Sie mit diesen Namen Ihre eigene Geschichte, und vergleichen Sie Ihre Version erst danach mit meiner Version. Beide werden sich unterscheiden. Das liegt in der Natur der Sache. Und genau das erhebt die Mnemotechnik zur Gedächtniskunst: Jede Fantasiegeschichte drückt den Denkstil ihres Erfinders in besonderer Weise aus.

Backhaus
Becker
Baaske
Baur
Bartels
Bechlenberg
Berg
Berge
Beljan
Bertram

In einem Backhaus (BACKHAUS) spielen zwei Bäcker (BECKER) Basketball (BAASKE). Der Ball wird geklaut von einem Bauern (BAUR). Der Bauer hat einen Bart aus Fels (BARTELS). Aus diesem entspringt ein Bächlein und fließt einen Berg runter (BECHLENBERG), und zwar nicht nur einen Berg (BERG), sondern viele Berge (BERGE). Er fließt an einem Hund vorbei, der bellt seit Jahren (BELJAN), und an einem Bären, der Tram fährt (BERTRAM).

Nachdem Sie viel Arbeit ins Lernen investiert haben, sollten Sie auch noch etwas Arbeit in den Stil Ihrer Vorführung investieren: Wollen Sie die Begrüßung als Experiment verkaufen, als mentale Höchstleistung, als Überraschung im Plauderton, als Shownummer? Ein ganz unverfänglicher Einstieg könnte sein: »Ich hatte Gelegenheit, einen Blick auf die Teilnehmerliste zu werfen. Mal sehen, ob mir der eine oder andere Name wieder einfällt ...« Dass Sie alle Namen vollständig draufhaben, sollten Sie nie explizit versprechen. Stapeln Sie lieber tief, dann ist die Überraschung umso größer. Wenn Sie in einer Situation auftreten, in der viel Technik zum Einsatz kommt, zum Beispiel auf einer Tagung, werden Ihre Zuschauer technische Tricks vermuten. Weisen Sie darauf hin, dass Sie nichts im Ohr haben – und lassen Sie das auf Wunsch auch überprüfen. Proben Sie Ihren Auftritt und Ihre Moderation im stillen Kämmerlein, und wenn es geht, auch noch einmal auf der Bühne, auf der Sie stehen werden. Sie haben sich etwa sehr Anspruchsvolles vorgenommen. Ich denke an Sie!

Das schwierigste an der Nummer ist, zwei Dinge gleichzeitig zu tun, die eigentlich gleichzeitig gar nicht möglich sind. Erstens: vor einer Gruppe von Menschen zu stehen und Präsenz zu zeigen – also die volle Aufmerksamkeit nach außen zu richten. Und zweitens: vor dem geistigen Auge eine mnemotechnische Geschichte ablaufen zu lassen und dabei alle Namen zu decodieren – also die volle Aufmerksamkeit nach innen zu richten. Wenn beides gleichzeitig gelingt, wird es eine wunderbare Belohnung geben: Die Aufmerksamkeit des gesamten Publikums gehört Ihnen, noch lange über Ihren Auftritt hinaus.
Im Anhang dieses Buchs habe ich für Sie ein »Lexikon der Assoziationen« zusammengestellt. Es enthält Assoziationen zu tausend Nachnamen von A bis Z. Die Menschen zu diesen Namen gibt es wirklich. Ich habe sie alle in den letzten Jahren getroffen, und jeden Einzelnen von ihnen habe ich von der Bühne aus namentlich begrüßt. Aus dem Gedächtnis. Dabei haben mir die Assoziationen geholfen, die ich hier dokumentiert habe. Falls Sie mal in einer Show von mir dabei waren: Schnell nachschauen, vielleicht erfahren Sie hier, was ich zu Ihrem Namen im Kopf hatte.

Das Lexikon ist eine praktische Hilfe, wenn Sie sich mit Mnemotechnik beschäftigen. Sie können einfach darin blättern. Sie können aber auch gezielt trainieren: Verdecken Sie die rechte Spalte wie früher beim Vokabellernen, und versuchen Sie, zu dem Namen auf der linken Seite eine Assoziation zu finden. Meine

Vorschläge in der rechten Spalte dienen als Anregung. Sie sollen die ganze Bandbreite möglicher Eselsbrücken andeuten:

Beljan bellt seit Jahren. Blasczyk ist blass und schick. Claasen kann klar sehen. D'Ippolito sind die Politologen. Drüppel drückt den Knüppel. Ersakmak ist ein Ersatzspieler der türkischen Nationalelf. Fidyka ist viel dicker. Goebler ist halb Goethe halb Blair. Ianella sagt ja zu Nutella. Kerwer bildet den Kehrwert. Leiterritz klettert auf einer Leiter ins Ritz. Nogalski fährt im Norden mit Galliern Ski. Petroglou kippt Petroleum in die Glut. Radina arbeitet als rasender Diener. Ruoff ruft aus dem Off. Urban trägt Turban. Wudi macht eine Wunderdiät. Und Zeljak trägt ein Zelt als Jacke.

Und falls Sie jemals auf einen Namen stoßen, für den Sie keine Assoziation finden, schreiben Sie mir: Ich helfe Ihnen denken!

4. KAPITEL

Lust auf Ideen

Darwin und die Newsticker

*Warum Ideensuche notwendig ist und
ein bisschen so funktioniert wie Evolution.*

Vor gut 200 Jahren brachte die Evolution Charles Darwin hervor – und begann, sich selbst zu erklären. Auf die Frage »Wie wurde eigentlich der Mensch erschaffen?« gab Darwin eine wenig paradiesische Antwort: durch zufällige Variation und natürliche Selektion. Organismen passen sich ihren Lebensräumen an, Arten spalten sich auf. Und über eine Zeit von ein paar Millionen Jahren entsteht dann so was wie der Mensch. Als Darwin 1859 sein Hauptwerk »Die Entstehung der Arten« veröffentlichte und sich die etwas unchristliche Botschaft der Evolution herumsprach, erlitten seine Zeit- und Artgenossen einen Schock: Die Schöpfung ist veränderlich. Wir Menschen wurden nicht so geschaffen, wie wir sind und wie Gott es plante. Wir haben uns entwickelt. Oder besser: Wir mussten uns entwickeln. Denn wenn sich mein Lebensraum verändert, dann muss ich mich ebenfalls verändern. Sonst wird das nichts mit dem Überleben.

Für diese Veränderungen war früher viel Zeit: gerne mal ein paar Hundert oder gar Tausend Generationen. Changemanagement war Sache der Evolution. Das ist heute anders. Noch während wir leben, geht es ständig ums Überleben: Überlebt mein Arbeitsplatz die Krise? Überlebt mein Hüftgelenk die Gesundheitsreform? Überlebt meine Stehlampe den Tod der Glühbirne? Oder verlieren wir alle die Fassung? Unser individueller Lebensraum ändert sich im Rhythmus der Newsticker. Unser berufliches, soziales und beziehungstechnisches Überleben hängt davon ab, ob wir bereit sind, uns zu verändern. Nicht innerhalb der nächsten tausend Generationen. Heute. Und individuell. Die Voraussetzungen dafür sind nicht schlecht. Wir sind in der Lage, über uns selbst nachzudenken, willentlich unser Verhalten zu steuern, planerisch Einfluss auf unsere Zukunft zu nehmen. Eigentlich sind wir die geborenen Changemanager. Aber was genau löst eine Veränderung in unserem persönlichen Dasein aus? Was entspricht dem Mechanismus von Variation und Selektion in der Zeitspanne eines einzelnen Lebens, eines Jahres, einer Stunde? Die Antwort lautet: Das Hervorbringen vieler unterschiedlicher Ideen und die Auswahl und Umsetzung der jeweils besten davon!

Die Evolution der Arten und die Evolution der Ideen folgen ähnlichen Mechanismen. In beiden Fällen wird zufällig eine Menge unterschiedliches Zeugs produziert. Zunächst scheinbar planlos. Aber dann plötzlich passiert es: Die perfekte Lösung wird geboren. Dann schlüpft auf einer Galapagosinsel ein Fink mit genau der Schnabelform, die perfekt zur Aufnahme seiner speziellen Nahrung geeignet ist. Dieser Fink überlebt, und mit ihm seine Schnabelform. Sie müssen gar nicht Darwin heißen, und Sie müssen auch nicht zu den Galapagosinseln segeln, um Evolution live zu erleben. Da reicht schon die Teilnahme in einem Brainstorming, und davon wird man nicht mal seekrank. In einem Brainstorming entstehen Dutzende neuer Idee, zum Beispiel Varianten eines neuen Produkts. Und am Schluss wird die beste Idee umgesetzt und auf den Markt gebracht – zumindest wenn der Chef es beschließt.

Märkte sind Lebensräume von Produkten. Wenn sich der Markt überraschend ändert, das Marketing aber keine neuen Ideen hat, dann ist das Produkt ganz schnell wieder tot. Genau wie die Finkenart, deren Schnabel nicht so gewachsen ist, wie es auf einer bestimmten Galapagosinsel von Vorteil wäre.

Die Evolution ist eine starke Metapher, wenn wir über Ideen sprechen: Ideen sind von uns erdachte Variationen von Dingen und Zuständen. Die Auswahl der besten Idee ist eine bewusste Selektion. Und wenn diese beste Idee dann umgesetzt wird, führt das zu Veränderungen. Praktisch heißt das: Veränderungen beginnen im Kopf. In Ihrem Kopf. Veränderungen beginnen mit Ihrer Fähigkeit, kreativ zu denken und Ideen zu entwickeln. Und genau davon handelt dieses Kapitel.

Überleben Sie noch oder leben Sie schon?

Über den Bewahrer und den Veränderer in uns,
und warum Wickie der Wikinger ein großer Held ist.

Mitten in den Sturm der Entrüstung über die Theorie von Darwin hinein schrieb Lewis Carroll 1871 sein Buch »Alice hinter den Spiegeln«, das Nachfolgewerk von »Alice im Wunderland«. Das Buch erzählt an einer Stelle von einem Ereignis, das später als »Red-Queen-Hypothese« bekannt wurde. Eine Figur der Erzählung, die Rote Königin, läuft und läuft und läuft. Sie läuft so schnell sie kann, kommt aber trotzdem nicht von der Stelle. Alice ist verblüfft, als die Rote Königin ihr erklärt: »Hierzulande musst du so schnell rennen, wie du kannst, wenn du am gleichen Fleck bleiben willst.« Denn nicht nur die Königin bewegt sich, sondern auch ihre Umgebung. Und zwar rasant. Der Königin gelingt es, Schritt zu halten mit dem Tempo um sich

herum. Aber an einen echten Schritt nach vorn, an das Erreichen eines fernen Ziels, ist nicht zu denken. Ein begrenztes Land, in dem die Rote Königin lebt. Und zugleich ein Land, das uns aus unserem Alltag bekannt vorkommt. Lewis Carroll führt uns vor Augen, wie unsere Umgebung uns dazu zwingt, Veränderungen mitzumachen. Stillstand ist Rückschritt. Aber welche Alternativen gibt es noch, wenn ich weder stehen bleiben will, noch mich ständig hetzen lassen?

Ich habe eine Idee: Lassen Sie uns den Blauen Ritter erfinden! Der Blaue Ritter ist ein guter Bekannter der Roten Königin, hat aber »Denken hilft« gelesen. Der Blaue Ritter sagt sich nicht: »Hierzulande musst du so schnell rennen, wie du kannst, wenn du am gleichen Fleck bleiben willst.« Der Blaue Ritter sagt: »Ich begebe mich zu dem Fleck, der mir am besten passt, statt mich hierzulande zu verrennen.« Er wechselt die Perspektive auf seine Lebenssituation. Er versucht nicht, sich den Veränderungen anzupassen und mit ihnen Schritt zu halten, sondern vielmehr, die Veränderungen aktiv zu gestalten und das Tempo selbst zu bestimmen. Er läuft nicht mit. Er biegt ab und entdeckt Neues. Er hat den Mut, aus dem Roten Königreich aufzubrechen und blaues Neuland zu betreten. Er begibt sich aus dem Haifischbecken in den Ozean.

Sie entscheiden selbst, ob Sie Rote Königin sein möchten oder Blauer Ritter. Oder um es in IKEA-Deutsch auszudrücken: Überleben Sie noch oder leben Sie schon? Sind Sie jemand, der lieber rennt, so schnell er kann, statt aus gewohnten Bahnen auszubrechen? Oder gehören Sie zu denen, die aus gewohnten Bahnen ausbrechen, um sich nicht zu verrennen? Vielleicht entscheiden Sie sich auch von Fall zu Fall: beruflich Rote Königin, privat Blauer Ritter. Oder andersrum. Eines jedenfalls ist klar: In beiden Fällen brauchen Sie viele gute Ideen – entweder um fremdes Tempo zu halten oder um Ihr eigenes Tempo zu gestalten. Entweder um die Herausforderungen einer vorhandenen Welt zu meistern oder um die vorhandene Welt meisterlich herauszufordern.

Die Rote Königin und der Blaue Ritter stehen für die zwei großen Tendenzen des menschlichen Verhaltens: für das Bewahren und für das Verändern. Der Bewahrer braucht ab und zu einen Tapetenwechsel, der Veränderer packt lieber gleich die Kartons. Der Bewahrer achtet beim Kauf seines Kaffeeservices auf die Nachkaufgarantie, der Veränderer schielt parallel auf die Teetassen. Der Bewahrer bestellt sich bei seinem Italiener grundsätzlich Penne all'arrabbiata, der Veränderer geht grundsätzlich nicht nur zum Italiener. In jedem von uns steckt ein bisschen Bewahrer und ein bisschen Veränderer. Aber welcher von beiden ist kreativer? Ein Missverständnis wäre zu glauben, nur der Veränderer sei kreativ. Alle beide müssen kreativ sein, allerdings auf sehr unterschiedliche Art. Der Bewahrer wird kreativ, wenn ein Problem auftaucht, das einen gewohnten Zustand bedroht. Der Veränderer dagegen wartet nicht, bis ein Problem einen gewohnten Zustand bedroht – er selbst ist die

Bedrohung für den gewohnten Zustand. Nicht Not macht ihn erfinderisch, sondern Leidenschaft. Der gewohnte Zustand? Langweilig!

Nehmen wir das Beispiel Arbeitsplatz: Der Bewahrer bewertet die Sicherheit eines festen Arbeitsplatzes höher als die Kosten einer risikoreichen Veränderung – zum Beispiel in die Selbstständigkeit. Also rennt er, wie die Rote Königin, mit den Veränderungen in seinem Unternehmen um die Wette. Erst wenn sein Arbeitsplatz bedroht ist oder die Unzufriedenheit oder Erschöpfung eine bestimmte Grenze überschreitet, reagiert der Bewahrer: mit Bewerbungen um einen neuen, aber ebenfalls möglichst sicheren Arbeitsplatz. Der Veränderer dagegen entwirft sein Lebensmodell unabhängig vom aktuellen Stellenangebot. Wie ein Blauer Ritter sucht er Neuland. Er hat eine Vision davon, wie sein Arbeitsplatz aussehen könnte. Und entweder schafft sich der Veränderer seine eigene Beschäftigung, oder ein flexibler Arbeitgeber passt eine Stelle der Vision des Querdenkers an. In beiden Fällen hat der Veränderer Einfluss genommen auf die Welt um sich herum. Nicht andersrum. Er hat die Zahl aller vorhandenen Arbeitsplätze um einen neuen erweitert. Nämlich um den, der seinen Wünschen und Bedürfnissen am meisten entspricht.

Den Typ des Bewahrers und den Typ des Veränderers hat vor gut hundert Jahren der italienische Soziologe und Ökonom Vilfredo Pareto ausfindig gemacht. Bei einem guten Glas Wein hat er sich gefragt, wie und warum Veränderungen zustande kommen und wem sie nützen. Den Bewahrer nannte er »Rentier« und den Veränderer »Spekulant«. Diese Typisierung zieht sich seitdem wie ein roter Faden durch die einschlägige Literatur.

Aber statt soziologische Fachliteratur zu wälzen, können Sie sich dem Wesen des Veränderers auch auf anderem Wege nä-

hern: Kaufen Sie sich die DVD »Wickie der Wikinger« mit der Folge »Der Wettkampf«. Der kleine Wickie ist der große Held meiner Kindheit. Und er ist der Prototyp des Veränderers, des Innovators, des Querdenkers. Wickie ist berühmt für seine guten Ideen, mit denen er den starken Männern des Wikingerdorfes Flake immer wieder aus der Patsche hilft. Eines Tages hat er allerdings selbst ein Problem. In einem Wettkampf muss er gegen seinen starken Vater Halvar antreten. Die Aufgabe ist, einen Haufen schwerer Steine möglichst schnell von einem Hügel zum nächsten zu schaffen. Für den schmächtigen Wickie scheint die Sache chancenlos. Während sein Vater schleppt und schleppt, legt sich Wickie auf eine Wiese und denkt. Und dann passiert, was bei Wickie immer passiert: Er reibt sich die Nase. Er schnippt mit den Fingern. Er hat eine geniale Idee. Aus einer alten Tür, die er zwischen zwei biegsamen Bäumen befestigt, baut er eine große Steinschleuder. Und während sein Vater weiter schleppt und schleppt, schleudert der kleine Wickie die Steine über dessen Kopf hinweg ins Ziel. Der starke Halvar versucht zwar noch, ein bisschen schneller von Hügel zu Hügel zu laufen und ein paar mehr Steine pro Runde zu schultern, aber gegen die Idee von Wickie hat er keine Chance. Wickie gewinnt.

Halvar ist ein typischer Bewahrer, Wickie hingegen ein typischer Veränderer. Halvar schleppt die Steine so, wie ein Wikinger seit Generationen Steine schleppt: mit Muskelkraft. Und wenn Halvar seine Leistung steigern will, dann versucht er das mit noch mehr Muskelkraft. Wickie dagegen sucht einen ganz neuen Weg. Er verändert die grundsätzliche Sichtweise darauf, wie man Steine von A nach B befördern kann. Er stellt die Annahme infrage, dass dazu unbedingt Muskeln benutzt werden müssen. Und er setzt seine Idee sofort um und baut einen Prototyp. Seine Steinschleuder sprengt den Rahmen dessen, woran ein Wikinger in Flake je gedacht hätte. Wickie ist ein echter Innovator. Von ihm kann man lernen: Denken hilft. Ab und zu lohnt es sich, die Steine aus der Hand zu legen, sich auf die Wiese zu setzen und neue Ideen zu spinnen.

Willkommen im Land der Ideen

*Erfindungen made in Germany und
der traurige Abschied von der Glühbirne.*

Deutschland ist das Land der Ideen. Das haben Bundesregierung und Wirtschaft beschlossen, und so steht es auf großen Plakaten. Auch Veranstaltungen und ideenreiche Orte und Projekte werben für die Initiative »Deutschland – Land der Ideen« unter der Schirmherrschaft von Bundespräsident Horst Köhler. Und tatsächlich, in Deutschland wurden eine Menge guter Ideen geboren: vom Reinheitsgebot für Bier aus dem Jahr 1516 bis zum Airbag 1971, vom Goldbärchen 1922 bis zum MP3-Format 1987. Sogar das »Mensch-ärgere-dich-nicht-Spiel« wurde in Deutschland erfunden, und zwar 1905. Vielleicht hätten wir stattdessen lieber »Monopoly« erfinden sollen. Die Idee zu Monopoly aber – wen wundert es – entstand Anfang der 1930er-Jahre in Amerika: Ziel des Spiels ist es, ein Immobilienimperium aufzubauen. Das Spiel ging ein paar Jahrzehnte lang gut, bis das Imperium im September 2008 zusammenbrach, Lehman Brothers nicht mehr über Los ging, und es für Deutschland wieder hieß: Mensch ärgere dich nicht. Wir sollten das wörtlich nehmen. Statt uns zu ärgern, sollten wir Krisen als kreative Zerstörung betrachten. Die Karten neu zu mischen hilft mehr, als Schwarze Peter zu verteilen.

Deutschland, Land der Ideen. Von manchen Ideen muss man sich auch wieder verabschieden. Ich darf Sie schon jetzt einladen zu einer Trauerfeier für die Glühbirne: als Idee geboren 1854 in Deutschland von Heinrich Göbel, verstorben und zum Altglas getragen im Jahr 2012. Todesursache: ein Verbot der Europäischen Union. Ausgerechnet die Glühbirne hat es erwischt. Sie ist das Symbol für Ideen und Kreativität schlechthin. Das wiederum verdanken wir Thomas Alva Edison, dem genialen US-amerikanischen Erfinder und Unternehmer, der die Glühbirne zur Marktreife weiterentwickelte. Rechtzeitig zum Verkaufsstart in den 1880ern baute Edison dann in New York noch schnell ein Elektrizitätswerk, eine nicht unwichtige Voraussetzung für den weiteren Erfolg. Edison machte aus der Idee Glühbirne die Innovation Glühbirne und brachte die Welt zum Leuchten. Er wusste natürlich, dass nicht zählt, woher eine Idee kommt, sondern wohin man sie entwickelt. Und die Entwicklung geht weiter. Bald werden – was sinnvoll ist – energiesparende Leuchtmittel die Glühbirne vollständig ersetzt haben. Aber können Sie sich ein mickeriges LED-Lämpchen als neues Symbol für Ideen und Kreativität vorstellen? Eine Diode als Ikone des göttlichen Funkens? Ich mir auch nicht. Lassen

Sie uns also an dieser Stelle Bewahrer sein und für das Symbol Glühbirne kämpfen, so wie einst die Ostalgiker für ihr Ampelmännchen. Bringen wir die Birne auch weiterhin zum Leuchten, wenigstens im metaphorischen Sinne.

Wer über die Glühbirne und weitere Ideen aus Deutschland mehr lesen möchte, dem sei die Broschüre »Deutsche Stars – 50 Innovationen, die jeder kennen sollte« der Initiative Partner für Innovation empfohlen. Überhaupt: An Initiativen für Ideen und Innovationen mangelt es nicht in Deutschland, und an Ehrungen oder Preisen zum selben Thema auch nicht. Einer der wichtigsten ist der Deutsche Zukunftspreis: der Preis des Bundespräsidenten für Technik und Innovation. 2006 hatte ich das Vergnügen, vom ZDF als kabarettistischer Gastredner zur Preisverleihung eingeladen zu sein. Ich kann Ihnen sagen: eine äußerst illustre Gesellschaft. Vermutlich war ich der einzige Teilnehmer ohne Titel. Macht ja nichts, dachte ich mir, solange ich trotzdem auf die Bühne darf – und Frau Schavan und Herr Köhler ihren Spaß haben. Trotzdem muss man sich die Frage stellen: Was sind das eigentlich für Menschen, die besonders gute Idee haben? Alle studiert? Alle mit IQ über 130? Alle Mitglied im Hochbegabtenverein Mensa? Machen wir den Test. Was ist mit Ihnen? Gehören Sie zu den zwei Prozent Hochbegabten in Deutschland? Nein? Und Sie hatten trotzdem schon mal eine gute Idee? Ja? Na so was! (Wenn Sie zu den zwei Prozent Hochbegabten gehören, und Sie hatten noch nie eine gute Idee, dann ebenfalls: Na so was!) Gute Ideen kann jeder haben. Hundert Prozent der Bevölkerung. Sie gehören dazu. Okay, vielleicht sollte der Geistesblitz häufiger einschlagen. Und okay, vielleicht sollten Sie Ihre Ideen auch mal umsetzen. Und ein drittes Mal okay, vielleicht werden Sie für Ihre Ideen nicht vom Bundespräsidenten geehrt. Trotzdem sind Sie ein ideenreicher Kopf. Holen wir raus, was drinsteckt. Das Einzige, was zählt, ist, dass es Ihre Ideen sind, dass sie Ihnen wichtig sind und dass sie Ihr persönliches Leben verändern können.

Was soll nur aus mir werden?

Meine persönlichen Erfahrungen mit kreativen Berufen, ideenreichen Menschen und erschossenen Kaninchen.

Ich bin groß geworden in einem Land, das sich Land der Ideen nennt. Dennoch hatte ich in der Schule keinen Unterricht in kreativem Denken und kein Schulfach »Neue Ideen«. Im Gegenteil. Meine Lehrer haben mir immer nur Sachen beigebracht, die schon vor mir jemand wusste: Pferd heißt auf Englisch horse. Der Sturm auf die Bastille war 1789. Und in einem rechtwinkligen Dreieck ist die Summe der Quadrate über den Katheten gleich dem Quadrat der Hypotenuse. Das hatte zur Folge, dass alle meine Antworten auf die Fragen meiner Lehrer entweder richtig oder falsch waren. Mündliche Mitarbeit im Unterricht bestand darin, ständig abzuwägen, mit wie hoher Wahrscheinlichkeit ich gerade dasselbe im Kopf hatte wie mein Lehrer. Für Dasselbe-im-Kopf-Haben gab es ein Lob. Für Was-anderes-im-Kopf-Haben gab es einen Tadel. Ist das pädagogisch wertvoll? Naja, ich will mich nicht beschweren. Die Lehrer waren ja ganz nett. Aber die schönste Zeit war die Schulzeit trotzdem nicht. Denn im Grunde hat die Schule uns auf Übereinstimmung mit der schon vorhandenen Welt konditioniert. Das wird nirgends deutlicher als in Multiple-Choice-Tests. Wer bei solch einem Test zu den vorgegebenen Antworten eine weitere mögliche Antwort hinzufügt, macht einen Fehler. Wer sich dagegen auf die vorgegebenen Antworten begrenzt, macht es richtig. Das finde ich falsch. Die vorhandene Welt ist nur eine einzige von vielen denkbaren. Sie kann auch anders. Vielleicht hat es mich deshalb in einen sogenannten kreativen Beruf verschlagen.

Exakt. Einfach. Einfallsreich. So lautete das Credo der Werbeagentur Springer & Jacoby, die im Laufe der 80er-Jahre die kreativste Agentur Deutschlands wurde und für ihre genialen Ideen einen Preis nach dem anderen abstaubte. Als Kreativer bei Springer & Jacoby zu arbeiten, das musste bedeuten, das Geheimnis der Kreativität zu kennen. S&J hatte damals einen fast sektenhaften Status. Man munkelte, nichts hänge an den weißen Wänden, nichts stünde auf den weißen Tischen, und ein geheimnisvoller Pistolenföhn würde helfen, geniale Geistesblitze zu produzieren. Schon aus lauter Ehrfurcht wäre ich nie darauf gekommen, mich bei den Gurus der Werbeszene zu bewerben. Habe ich auch nicht. Es kam andersrum. Durch eine Empfehlung wurde ich zu einem Termin mit Konstantin Jacoby eingeladen. Und drei Wochen später, im September 1989, wurde ich Juniortexter in der Unit 1. Mein erster Job. Und tatsächlich: Nichts hing an den Wänden, nichts stand auf den Tischen, und die Mitarbeiter trugen als Zeichen der Zusammengehörigkeit eine Anstecknadel, die aussah wie eine Mischung aus Pistole und Föhn – eine Form, die dem Grundriss der Agentur entsprach. Natürlich war ich neugierig, das Geheimnis der Kreativität zu erfahren. Also schaute ich mich um. Aber wie gesagt: nichts an den Wänden, nichts auf den Tischen.

Das Einzige, was zu sehen war, waren die Menschen. Sehr unterschiedliche Menschen. Und die taten auch sehr unterschiedliche Dinge. Der eine, Jean-Remy von Matt, verzog sich in seine Denkzelle und tippte auf einer mechanischen Schreibmaschine herum. Der andere, Hartwig Keuntje, mein Texter-Chef, schmiss mit Gummibällen in dem langen Flur der Unit um sich. Die nächste, Cosima Reif, baute am liebsten kleine absurde Maschinen und verarbeitete dabei Kartoffelreste. Und allen dreien fielen dabei geniale Headlines ein. Was also tun, wenn ich auch ein guter Kreativer werden wollte? Mir eine mechanische Schreibmaschine besorgen? Mit Bällen um mich schmeißen? Absurde Dinge aus Kartoffeln basteln? Es gab offensichtlich nicht das eine große Geheimnis, den einen sicheren Weg zum Geistesblitz. Bei S&J existierte ein Lebensraum, in dem jeder sein eigenes Geheimnis und seinen eigenen Weg entdecken konnte. In diesem Lebensraum gab es Ruhm und Ehre für gute Ideen. Für schlechte Ideen gab es einen Papierkorb, der immer ziemlich voll war. Und für gar keine Ideen gab es die Kündigung. Ganz einfach. Also wurden so lange Ideen produziert – oft bis spät in die Nacht –, bis die gute Idee gefunden war. Und gut hieß: richtig gut, reif für einen Preis des renommierten Art Directors Club, besser als alle anderen Ideen aller anderen Agenturen. Irgendwie sorgte dieses Prinzip dafür, dass nur solche Menschen die Probezeit überlebten, die bei jedem Briefing felsenfest an das Vorhandensein einer guten Idee glaubten. Das unterschied die Mitarbeiter von S&J von allen anderen. Sie wussten einfach, dass sie gute Ideen finden würden. Und das haben sie schließlich auch – und zwar genau aus diesem Grund.

Bei Springer & Jacoby hatte ich gelernt, wie wichtig die richtigen zehn Menschen und die richtigen hundert Quadratmeter für kreatives Denken sind. Dann kam das Studium. Hundert Menschen auf zehn Quadratmetern. Überfüllte Hörsäle, in denen man wenig sehen konnte. Und gleich die erste Veranstaltung hieß »Problemorientierte Einführung«, eine sich selbst erfüllende Prophezeiung. Hier wurden die Probleme ganz amtlich eingeführt. An der Uni hatte ich manchmal das Gefühl: Die graue Masse befindet sich nicht in meinem Kopf, sondern um mich herum. Die weitgehende Abwesenheit von Geist und Begeisterung war frustrierend. Aber ich hatte ein Ventil: Ich erschoss Kaninchen, jeden Abend im Varieté als Comedy-Zauberer.

Das mit dem Zaubern fing schon in meiner Kindheit an – mit einem Zauberkasten. Mit zwölf Jahren hatte ich den ersten Auftritt auf der Silberhochzeit meiner Tante Leni. Und nach dem Abi 1985 folgten Straßenshows in den Fußgängerzonen zwischen Kiel und München. Das Straßenpflaster war ein guter Nährboden für neue Ideen. Und so gründeten meine Mitstreiter Manuel Muerte, Detlef Simon (abgekürzt »Desimo«) und ich das Zaubertrio »Die Plebsbüttel Comedy«. Unsere umgebauten Plüschkaninchen konnten explodieren und dabei Theaterblut verspritzen. In der Zauberszene brachte uns das den Ruf der kreativen Zerstörer ein – und einen ersten Preis auf der Zauber-WM 1994 in Japan. Wir hatten alte Zylinderhüte entstaubt und den heiligen Kühen der Zauberkunst, den Kaninchen, die Ohren abgerissen. Sogar von Siegfried und Roy wurden wir zu einer Convention nach Las Vegas eingeladen und erhielten einen »Creativity Award«. Entstanden war unser Showact nicht in moderierten Brainstormings oder am Flipchart, sondern aus purer Spielfreude. Wenn Menschen gern spielen und dafür auch eine Bühne finden, dann kommt der kreative Stein ins Rollen. Ich habe das im Varieté, bei Artisten und Komikern immer wieder beobachtet. Der Spaß daran, die eigene eigenwillige, einzigartige Nummer zu entwickeln, setzt Energien und Leidenschaften frei, von denen im Hörsaal einer Uni morgens um acht wenig zu spüren ist. Das Eigenwillige und Einzigartige entsteht dort, wo Menschen spielen dürfen. Suchen Sie sich unbedingt einen Ort zum Spielen. Vergessen Sie Zeit und Raum. Spielen Sie ohne Sinn und Verstand. Das Ergebnis werden ganz eigene Ideen sein, die nur Sie haben können.

Durch das dauernde Kaninchenerschießen dauerte mein Studium etwas länger, und ich beschloss, meine Diplomarbeit über Gedächtnistricks zu schreiben, um nicht alles wieder zu vergessen. Noch beim Schreiben – in einer kurzen Pause bei einem Spaziergang an der Alster wanderten auch die Gedanken hierhin und dorthin – kam mir eine Idee: Seit ein paar Jahren war Deutschland im Comedy-Boom. Aber es gab nur Shows, deren Gags unterhalb der Gürtellinie angesiedelt waren, Shows, die zum Schenkelklopfen anregten, nicht zum Weiterdenken. Warum also nicht mal eine Show auf die Bühne bringen, bei der es um Denken und Gehirn geht? Warum nicht mal Comedy und Training kombinieren? Humor und Lernen? Spaß und Nutzen? Entertainment und Information? Gedacht, getan. Am 26. August 1998 hatte das »Think-Theatre« im Haus der Springmaus in Bonn Premiere – und sogar Ulrich Schnabel von der *ZEIT* reiste an. Heute gehört Infotainment und Wissenschaftskabarett zum Spielplan jeder Bühne, die etwas auf sich hält. Für das Projekt Think-Theatre konnte ich vier weitere Bühnenprofis begeistern: Andy Häussler, Felix Gaudo, Kai Eikermann und Dr. Eckart von Hirschhausen. Ständig waren wir auf der Suche nach Ideen für unsere Show: Wir bauten eine Brainmaschine mit versteckter Kamera und erfanden eine Software zum Entfernen des ISH, des inneren Schweinehunds. Wir spielten »Ich packe meinen Koffer« mit Hunderten Zuschauern und sangen – obwohl wir gar nicht singen konnten – den selbst verfassten Song »Mein Hirn, das hat zwei Hälften«. Legendär wurde die Figur des inszenierten Zuschauers Ditmar Kurt, der sich im Laufe der Show vom schüchternen Biedermann in einen furiosen Breakdancer verwandelte. Irgendwann in einer langen Probe war Kai auf dem Fußboden eingeschlafen, während der Rest der Truppe überlegte, was ich als Rückwärtssprecher Lustiges tun könnte: Was könnte besonders ulkig aussehen, wenn man es filmt und den Film dann rückwärts abspielt? Kai wachte unvermittelt auf und sagte: »Bananen essen«. Und er hatte Recht. Bananen essen rückwärts sieht wirklich sehr lustig aus. Vielleicht kommen die besten Ideen ja doch im Halbschlaf.

Das Think-Theatre wurde schnell zum Geheimtipp für Tagungen und Events. Heute ist die Think-Theatre GmbH kreativer

Partner für Agenturen und Unternehmen. Das Ideensuchen ist zur Dienstleistung geworden. Grund genug, dem Wesen und Geheimnis der guten Idee weiter auf der Spur zu bleiben.

Unser natürlicher Feind: das Gewohnheitstier

Wie Muster unser Wahrnehmen, Denken und Handeln bestimmen – bis wir sie ausmustern.

Malta im Juni 2007. In einem kleinen Hörsaal der Universität in Msida, am Institute for the Design and Development of Thinking, haben sich etwa 50 Menschen aus der ganzen Welt versammelt. Ein paar Werber aus Belgien, ein Ingenieur aus Israel, eine Soziologin aus den USA, ein Rückwärtssprecher aus Deutschland und weitere neugierige Querdenker. Vorne auf dem Podest sitzt ein älterer Herr auf einem gepolsterten Holzstuhl und kritzelt mit Markern auf einer Overheadfolie herum. Das ist nicht unbedingt das, was man am Lehrstuhl für den Master of Innovation and Creativity erwartet. Trotzdem stürzen sich die Teilnehmer am Ende der Vorlesung auf die Folien mit den Kritzeleien, die der Mann produziert hat. Jeder Folienfetzen ein Heiligtum. Kein Wunder, denn Edward de Bono ist in Sachen Kreativität so etwas wie John Wayne im Westerngenre. Eine Legende. Er hat fast 70 Bücher geschrieben, die in über 50 Sprachen übersetzt wurden. Er hat Regierungen und Unternehmen auf der ganzen Welt beraten. Er hat das laterale Denken erfunden und die berühmten Denkhüte. Seine Methoden und Techniken werden von Tausenden Trainern und Coaches rund um den Globus eingesetzt. Und jetzt sitzt er da und kurbelt an einer Folienrolle herum. Er hätte das eigentlich nicht mehr nötig. Aber Malta ist seine Heimat, und das Institut an der Uni war eine seiner vielen Ideen. Also sitzt er da, malt auf einer Folie herum und fragt in die Runde, womit, wenn nicht mit einem Elfmeterschießen, ein Fußballspiel bei Unentschieden doch noch entschieden werden könnte. So was macht ihm Freude. Denn durch eine solche Frage werden wir gezwungen, Denkmuster aufzubrechen. Edward de Bono geht davon aus, dass unser Denken ein sich selbst organisierendes System ist: Wir nehmen Dinge wahr, unsere Wahrnehmungen erzeugen Denkmuster, und unter Anwendung dieser Muster verarbeiten wir Informationen.

Ein bisschen besorgt blinzelt er hinter seinem Overheadprojektor hervor und beschreibt, wie sehr diese Muster sich im Laufe der Zeit verfestigen und unser Denken begrenzen: Das erste bis fünfte Lebensjahr ist die Zeit des »Warum?«. Das sechste bis zehnte Lebensjahr ist die Zeit des »Warum nicht?«. Und nach dem zehnten Lebensjahr beginnt die Zeit des »Deshalb!«. Wenn wir groß sind, haben wir Antworten und finden Ursachen. Aber immer nur für die Welt, wie sie schon ist, für die Welt, die in unserem Kopf durch eine Vielzahl von Mustern repräsentiert ist. De Bono hat ein wunderbares Wort dafür, was diese Muster ausmacht: Frozen Perceptions, zu Eis erstarrte Wahrnehmungen.

Und dann malt er mit einem schwarzen Marker sein Lieblingsbild auf die Folie: eine Hauptstraße mit einer kleinen Abzweigung. Die Abzweigung, das ist der Weg, den wir gern übersehen. Sie steht für die Alternativen, für die anderen Möglichkeiten. Aber wie finden wir diese Abzweigung – und damit die guten Ideen? Mit einem roten Marker zieht de Bono einen fetten Strich quer über die Hauptstraße. Wir finden die Abzweigung, indem wir uns selbst den Weg abschneiden. Indem wir unser lineares, logisches Denken absichtlich unterbrechen. Vollsperrung für das Denken in gewohnten Bahnen. Ab auf eine neue

Spur. De Bono nennt diesen Ansatz Laterales Denken. Inzwischen steht der Begriff im Oxford English Dictionary. Laterales Denken ist der Versuch, ein Problem mit scheinbar unlogischen Methoden zu lösen und dabei vorsätzlich Muster zu durchbrechen. Wenn wir also bei der nächsten WM mal wieder das Problem haben, dass ein Finalspiel unentschieden ausgeht: Was tun? Von mir aus Entscheidung durch Elfmeter, aber schießen können ja auch mal die Fans. Eines seiner Bücher – ein sehr empfehlenswertes – hat Edward de Bono »Serious Creativity« genannt. Der Titel sollte Sie beruhigen: Auch kreatives Rumspinnen ist eine ganz seriöse Tätigkeit.

Die Muster, von denen de Bono spricht, begegnen uns im Alltag in unterschiedlichster Form. Oder besser: Sie sind unser Alltag. Wir verfügen über Muster, um die Marke eines Autos aus hundert Meter Entfernung zu erkennen. Wir verfügen über Muster, um die Ironie in der Bemerkung eines Gesprächspartners zu entdecken. Und wir verfügen über Muster, nach denen wir beim Italiener die Spaghetti um die Gabel wickeln. Solange wir über die Muster verfügen, ist alles fein. Aber sobald die Muster über uns verfügen, sind wir ausgeliefert.

Nehmen wir die Zahl 23. Sie verfügen über ein Muster der Zahl 23, das es Ihnen ermöglicht, die Zahl 23 als solche zu erkennen. Zum Beispiel als Hausnummer. Das ist extrem hilfreich, wenn Sie die Hausnummer 23 suchen. Wenn neben dem Haus ein Auto steht, in dessen Kennzeichen ebenfalls die Zahl 23 vorkommt, dann bemerken Sie das mit höherer Wahrscheinlichkeit, als wenn Sie vorher nach der Hausnummer 56 gesucht hätten. Denn das Muster für die Zahl 23 ist durch die Suche nach der richtigen Hausnummer voraktiviert – in Ihrem Gehirn feuert das entsprechende Netzwerk munter vor sich hin. Wenn jetzt die Haustür aufgeht, und der Hausherr trägt ein T-Shirt mit der Zahl 23, dann werden Sie nachdenklich. Sie fahren mit dem Bus um 23:23 Uhr wieder nach Hause und geben die Zahl 23 bei Google ein. Spätestens jetzt wissen Sie, dass Sie vom Geheimbund der Illuminaten verfolgt werden. Genauso gut kann die Zahl 23 aber auch eine Glückszahl sein. Wie für mich zum Beispiel. Meine Frau und ich sind an einem 23. zum ersten Mal in Salzburg Kutsche gefahren, haben an einem 23. geheiratet, checken in Hotels ständig in Zimmer 23 ein, und meine Uhr zeigt gerade 23:23. Ob Glück, ob Pech: Je stärker das Muster, umso selbsterfüllender die Prophezeiung. Sie nehmen wahr, was Sie aufgrund eines Musters wahrzunehmen erwarten.

Eine andere Art von Muster übernimmt gern mal die Regie über unser Verhalten: die sogenannten Verhaltensmuster. Wir haben unzählige kleine Drehbücher im Kopf, nach denen wir im Alltag handeln. Wecker aus, aufstehen, Zähne putzen. Und täglich grüßt das Murmeltier. Eigentlich ist in diesen Drehbüchern immer ein Happy End vorgesehen. Denn wir haben sie angelegt, um unser Leben erfolgreich zu meistern: Hat sich eine Verhaltensweise bewährt, wird sie im Drehbuch dick unterstrichen, und wir wiederholen die Szene das nächste Mal einfach ganz genauso. Wecker aus, aufstehen, Zähne putzen. Nur wenn das Happy End mal nicht eintritt, dann fragen wir uns: »Bin ich hier im falschen Film, oder was? Wo ist die Tube?« Nein, wir sind nicht im falschen Film. Wir haben versäumt, das Drehbuch umzuschreiben – und rechtzeitig neue Zahnpasta zu kaufen.

Ähnlich wie Aufstehen und Zähneputzen funktioniert auch Autofahren: Sie können mit dem Auto eine gewohnte Strecke fahren, sagen wir mal von der Arbeit nach Hause, und wenn Sie zu Hause ankommen, dann können Sie sich an die Fahrt selbst überhaupt nicht mehr erinnern. Sie fahren mit einem mentalen Autopiloten. Das ist fürs Gehirn extrem effizient. Denn stellen Sie sich mal vor, Sie müssten an jeder Kreuzung überlegen: rechts oder links? Wo war nochmal der Blinker? Wie ging es in den zweiten Gang? Das wäre mentale Energieverschwendung. Ihr innerer Autopilot hilft Ihnen, automatisch den Weg von der Arbeit nach Hause zu fahren – übrigens auch dann, wenn Sie eigentlich zum Supermarkt wollten.

So praktisch das Gewohnheitstier auch ist, es hält uns davon ab, rechtzeitig auf Veränderungen zu reagieren. Das Gewohnheitstier ist böse und gefährlich. Dass seine Existenz sogar unser Leben bedroht, wurde wissenschaftlich nachgewiesen, und zwar im Jahr 1882 in einem Experiment mit Fröschen. Sie können dieses Experiment zu Hause in Ihrer Küche durchführen: Besorgen Sie sich dafür zunächst zwei Frösche. Stellen Sie dann einen Topf Wasser auf Ihren Herd. Setzen Sie einen der beiden Frösche ins Wasser und erhitzen Sie das Wasser langsam. Da denkt sich der Frosch: »Oh, wie schön, es wird wärmer.« Und es wird wärmer, Grad für Grad, aber sehr langsam. Es wird so lange wärmer, bis das Wasser kocht – und der Frosch verbrüht. Ende erste Runde. Stellen Sie jetzt einen zweiten Topf Wasser auf den Herd, und erhitzen Sie das Wasser. Erst wenn

das Wasser schon kocht, werfen Sie den zweiten Frosch in den Topf. Sofort reagiert der Frosch und springt wieder aus dem Topf heraus. Der zweite Frosch realisiert: »Hier hat sich etwas dramatisch zu meinem Nachteil verändert!«

Und was hat ihm das Leben gerettet? Er hatte keine Zeit, sich an die schleichende Veränderung zu gewöhnen. Sein Gewohnheitstier ist nicht zum Zuge gekommen. Er hat gehandelt und ist aus dem Topf gehüpft. 1882 wurde dieses Experiment tatsächlich durchgeführt: bezeichnenderweise von einem Mann namens Hopkins. Beim ersten Frosch hat er das Wasser pro Minute um 0,1 Grad Celsius erhöht. Der Frosch starb nach 2,5 Stunden. Das Experiment wird aktuell erneut durchgeführt: Jedes Jahrhundert erwärmt sich die Erdtemperatur um drei bis vier Grad Celsius. Und wir sind die Frösche.

Kreativität ist ganz schön grausam

Zerstören, Durchbrechen, Fallenlassen:
die finsteren Seiten des kreativen Denkens.

Sie dürfen die Welt kreativ zerstören. Die *Financial Times Deutschland* präsentierte unlängst »Kreative Zerstörer der deutschen Wirtschaft«. Vor der großen Krise hatte der Begriff noch Sexappeal: Kreative Zerstörer waren die Dark Knights der Ökonomie. Seit Herbst 2008 allerdings wundern wir uns über die Kreativität, mit der das ganze System sich selbst zerstört – und uns zum Umdenken zwingt. Zerstörung und Kreativität, wie spielt das zusammen? 1912 schrieb der österreichische Ökonom Joseph Schumpeter seine »Theorie der wirtschaftlichen Entwicklung« und prägte den Begriff der schöpferischen Zerstörung. Demnach bringt schnöder Eigennutz einen guten Unternehmer dazu, Innovationen zu entwickeln: Wer etwas Neues als Erster vermarktet, der erzielt den höchsten Gewinn. Irgendwann ist das Neue dann nicht mehr neu, sondern wird nachgemacht und an jeder Ecke verkauft. Dann war's das mit dem höchsten Gewinn, und der Unternehmer muss sich wieder etwas Neues einfallen lassen. So entwickelt sich die Wirtschaft in Zyklen immer weiter. Für eine Innovation verändert der Unternehmer die Produktionsprozesse und den Einsatz von Ressourcen. Wenn er beliebig viele Ressourcen zur Verfügung hätte, könnte er sich die schöpferische Zerstörung sparen. Hat er aber nicht. Deshalb muss er bestehende Prozesse über den Haufen werfen und Ressourcen aus ihrer Verwendung reißen. Darin besteht die Zerstörung. Erst dann kann er sich an sein schöpferisches Werk machen. Ich stelle mir das vor wie eine große Legokiste. Da ist auch nur eine begrenzte Zahl Steinchen drin. Wenn ich ein neues Haus bauen will, dann muss ich das alte kaputt machen – auch wenn es mir in der Seele wehtut. Die Zerstörung ist ein notwendiges Übel. Wer kreativ ist, aber nicht zerstören kann, hat ein Problem. Solche Menschen können sich ein Beispiel nehmen an Alexander dem Großen, König von Makedonien. Der hatte sich 334 v. Chr. aufgemacht, das Perserreich zu erobern. Der Feldzug lief so weit ganz gut, bis ein unerwartetes Problem auftrat: der Gordische Knoten. Ein Orakel hatte prophezeit, nur derjenige könne Herrscher von Asien werden, der den Gordischen Knoten zu lösen vermochte. Alexander versuchte gar nicht erst, an dem Knoten zu pulen. Stattdessen zog er sein Schwert, hieb den Knoten entzwei – und errang die Herrschaft über Persien. Manchmal platzen Knoten eben, indem man draufhaut.

Das kreative Zerstören kennt viele Variationen. Eine davon ist das Regelbrechen. Hinterfragen Sie jede Regel (außer diese). Denn besonders bei uns in Deutschland gilt eine Art Regelrecht: Wenn irgendwas im Gewand einer wohlformulierten

Regel daherkommt, dann scheint es recht. Im Treppenhaus meiner Hamburger Wohnung hing nahe der Haustür jahrelang ein Blechschild mit dem Text: »Die Türe ist zu verschließen ab 20.00 Uhr.« Ich habe ein zweites Schild danebengehängt mit der Frage: »Und wie komme ich raus, wenn es brennt und ich meinen Schlüssel vergessen habe?« Kurz darauf waren beide Schilder verschwunden. Es gibt natürlich auch Regeln, die irgendwann einmal einen guten Grund hatten. Allerdings ist der häufig nicht mehr vorhanden. Die Anordnung der Buchstaben auf meiner Tastatur zum Beispiel hatte mal einen guten Grund: Zu Zeiten der mechanischen Schreibmaschine war es sinnvoll, die Buchstaben so anzuordnen, dass ein Verklemmen der vielen kleinen Hämmer minimiert wurde. Heute spielt das keine Rolle mehr. Und es gäbe effizientere Anordnungen der Buchstaben als die alte QWERTZ-Tastaturbelegung. Aber wie viele Menschen müssten dann umlernen oder sich ihre zehn Finger verpflanzen lassen? Also bleibt die alte Regel bestehen. Wenn jemand sagt: »Das machen wir schon immer so!«, heißt das eigentlich nur: »Ich weiß auch nicht, warum.«

Regeln lassen sich leicht brechen, weil sie so offensichtlich sind. Man erkennt sie schnell. Sie werden aufgelistet, durchnummeriert und enden mit einem Ausrufezeichen. Ein ideales Ziel also für kreative Zerstörer und andere Reyoluzzer. Im Verborgenen dagegen treiben viel fiesere Burschen ihr Unwesen: Annahmen. Viele unserer Gedankengänge fußen ausschließlich auf Annahmen. Und während wir den Blick aufs Problem richten, sind uns die Annahmen gar nicht bewusst. Ich hätte hier mal ein kleines Problem für Sie: Stellen Sie sich vor, Sie sind Gärtner. Ihre Aufgabe ist, vier Bäume so einzupflanzen, dass der Abstand zwischen allen vier Bäumen exakt gleich ist. Bitte mal kurz die Augen schließen und überlegen. Verschieben Sie gerade im Geiste vier Bäume in einem Garten hin und her? Und gelingt es dabei nicht, einen gleichen Abstand zwischen allen Bäumen herzustellen? Und ist der Garten eine ebene Fläche? Dann suchen Sie sich jetzt mal bitte einen Hügel. Gefunden? Sie pflanzen einen Baum oben auf den Hügel und die anderen im Dreieck unten rum. So entsteht eine Pyramide aus Dreiecken, die Abstände aller Bäume zueinander sind gleich – und das Problem ist gelöst. Wahrscheinlich war Ihre erste Annahme: Ein Garten ist eine ebene Fläche. So lange diese Annahme gilt, ist das Problem nicht zu lösen.

Versuchen Sie mal, folgende Frage zu beantworten: »Welche drei Feler stecken in disem Satz?« Richtig, da fehlt das »h« in Feler. Genau, da fehlt das »e« in disem. Und der dritte Fehler? Es sind nur zwei! Und jetzt rekonstruieren wir mal in Zeitlupe, wie Ihr Gehirn das Problem gelöst hat. Sie haben einen ersten Rechtschreibfehler gesucht und gefunden. Sie haben einen zweiten Rechtschreibfehler gesucht und gefunden. Und dann hat Ihr Gehirn den dritten Rechtschreibfehler gesucht. Wenigstens für einen Moment. Denn so funktioniert das Hirn: Wenn eine Strategie zweimal funktioniert hat, dann glauben wir, dieselbe Strategie funktioniert auch ein drittes Mal. Das stimmt aber nicht. Und das weiß jeder, der schon mal den Fahrkartenautomaten der Bahn benutzt hat. Erst wenn wir die Annahme fallenlassen, dass der dritte Fehler auch ein Rechtschreibfehler ist, finden wir die Lösung auf einer ganz anderen Ebene.

Erteilen Sie Annahmen eine Absage! Stellen Sie sich immer die Frage: »Von welchen Annahmen gehe ich hier aus?« Schreiben Sie drei fundamentale Annahmen auf, und lassen Sie eine nach der anderen fallen, wie drei teure Vasen. Dann finden Sie eine Lösung. Wahrscheinlich sogar mehrere. Denn wie lautet das alte Sprichwort, das ich mir in dieser Sekunde ausgedacht habe: »Solange ich annehme, die Erde ist eine Scheibe, ist ein Flug um den Globus schwer zu verkaufen.«

Noch ein Tipp zum Thema Verkaufen: Wenn Sie das nächste Mal einen nervigen Werbeanruf bekommen, können Sie den Anrufer in Sekundenschnelle auflaufen lassen. Diese Anrufe beginnen immer mit Sätzen wie: »Sie wollen doch bestimmt zum günstigsten Tarif telefonieren?« oder »Sie haben doch sicher Interesse, dass Ihre Werbung die Top-Entscheider erreicht?« oder »Haben Sie Lust auf einen dreiwöchigen Urlaub in der Karibik zum Nulltarif?« Antworten Sie mit einem gepflegten »Nein!«, und entziehen Sie so der Argumentation die Grundannahme. Aber legen Sie dann auf keinen Fall gleich auf. Genießen Sie ein bisschen, wie der arme Callcenter-Agent sehr kreativ sein muss, um die nächsten Worte zu finden.

Eine falsche Annahme verhinderte auch die schnelle Lösung eines spektakulären Kriminalfalls, der monatelang die Zeitungen füllte. Am 25. April 2007 wurde in Heilbronn eine 22-jährige Polizistin ermordet. Die DNA-Spuren am Tatort stimmten überein mit DNA-Spuren vieler anderer Tatorte und Verbrechen. Dieselbe DNA fand sich im Auto einer ermordeten Pflegehelferin, an einem Keksrest in einem aufgebrochenen Wohnwagen und an einer Coladose nach einem Einbruch in eine Schule. Insgesamt vierzigmal konnte die DNA nachgewiesen werden. Bis zum März 2009 fahndete das Landeskriminalamt in Stuttgart fieberhaft nach der vermeintlichen Täterin, dem »Phantom von Heilbronn«, bis sich herausstellte, dass alle DNA-Spuren von verunreinigten Wattestäbchen der Spurensicherung stammten und schließlich einer Mitarbeiterin der Verpackungsfirma zugeordnet werden konnten. Das Phantom löste sich in Luft auf. Und eine Welle medialer Häme ergoss sich über die Fahnder: So eine einfache Erklärung! Ist doch total naheliegend! Da hätten die draufkommen müssen!

Ich verrate Ihnen mal was: Man hätte sich keine bessere Geschichte ausdenken können, um über die Tücken des »Draufkommens« zu philosophieren. Da gibt es ein Problem: eine Reihe ungelöster Verbrechen. Zur Lösung steht ein bewährtes Werkzeug zur Verfügung: die DNA-Analyse. Aber leider gibt es eine falsche Annahme, und die lautet: DNA-Spuren stammen vom Täter. Aus der falschen Annahme wird eine falsche Schlussfolgerung gezogen: Es muss an jedem Tatort derselbe

Täter gewesen sein. Und schon schwirrt ein Serientäter in den Köpfen der Fahnder herum: das Phantom von Heilbronn. Schnell reduziert sich das ganze Problem, die ganze Aufmerksamkeit, auf eine viel zu enge Fragestellung. Wer ist das Phantom von Heilbronn? Wer ist diese Fratze des Grauens? Ein harmloses Wattestäbchen! Auf die frappierende Lösung, dass die Spurensicherung ihre Spur selbst mitgebracht hat, ist lange niemand gekommen. Zu lange. Die Gründe dafür sind dieselben, die uns auch im Alltag davon abhalten, Lösungen und Ideen zu finden: Wir machen Dinge so wie immer, wir benutzen Werkzeuge aus Gewohnheit, wir hinterfragen Annahmen nicht, wir ziehen falsche Schlussfolgerungen, wir denken nicht über die Grenzen des Problems hinaus, wir wollen nichts falsch machen, wir stehen unter Erfolgsdruck. In einem Satz zusammengefasst: Wir haben Phantome im Kopf und übersehen die Wattestäbchen.

Alles eine Frage der Perspektive

Wie man Miete spart, besonders viel Eis abkriegt und seine Probleme an Biene Maja delegiert.

Wenn Sie die Perspektive wechseln, sieht die Welt gleich ganz anders aus. Nehmen wir an, Sie wohnen in dem einzigen hässlichen Fünfzigerjahrebau in einer Straße mit lauter traumhaft schönen Altbauten. Hervorragend. Dann haben Sie gleich zwei Gründe, sich zu freuen: Sie sind der Einzige, der, wenn er aus dem Fenster schaut, nur traumhaft schöne Altbauten sieht. Und Sie sparen eine Menge Miete. Die Perspektive wechseln heißt: Sie müssen sich bewegen. Sie müssen den Standort ändern, von dem aus Sie eine Sache betrachten. Eine verschlossene Klotür kann ein echtes Problem sein, wenn Sie davorstehen, aber eine ganz gute Lösung, wenn Sie dahinter sitzen.

Drei Minuten bis zum Spielende kann eine Ewigkeit sein, wenn Sie in Führung sind, und ein Verpuffen von Sekunden, wenn Sie zurückliegen. Ein Glas ist halbleer, wenn Sie Durst haben, und halbvoll, wenn Sie Unternehmensberater sind. Alles eine Frage der Perspektive.

In eine fremde Rolle zu schlüpfen, ist ebenfalls ein effizienter Weg, die Perspektive zu wechseln. Wenn wir als Think-Theatre für Unternehmen arbeiten, nutzen wir diesen Effekt. Wir haben einmal 400 Führungskräfte in die Rolle von Reportern schlüpfen und eine Zeitung über ihr Unternehmen produzieren lassen. Die Zeitung enthielt Kommentare, Cartoons, Leserbriefe, Horoskope, Wettervorhersagen und Wirtschaftsnews. Sie steckte voller Sichtweisen und Ideen, die sonst niemand geäußert hätte. In Rollen beginnen Menschen zu spielen. Und sie überwinden Verhaltensmuster. In Workshops lassen wir Teams humorvolle Parodien auf bekannte TV-Formate entwickeln. Wenn dann Marketing und Vertrieb Schmidt und Pocher spielen oder der komplette Außendienst eine Sportschau inszeniert, dann wird auf einmal sichtbar, was sonst unterm Teppich bliebe. Und das ist die erste Voraussetzung für eine Veränderung.

Wenn Menschen nicht die Perspektive wechseln, dann können sie zwar miteinander reden und reden und reden. Aber im Grund verschwenden sie ihre Energie, um ihren Standpunkt zu verteidigen – nicht um die Sache voranzutreiben. Das hat auch Edward de Bono erkannt und eine geniale Methode entwickelt: The Six Thinking Hats, die Denkhüte. Die Idee ist, dass die Mitglieder eines Teams ständig ihre Standpunkte wechseln – und dabei sechs sehr unterschiedliche Perspektiven einnehmen. Jeder Perspektive entspricht ein farbiger Hut: Der weiße Hut steht für die Information, der rote Hut für Emotion und Leidenschaft, der schwarze für die Bewertung, der gelbe für Optimismus, der grüne für Ideenreichtum und der blaue für die Übersicht, fürs große Ganze. Durch den ständigen Perspektivenwechsel kommen alle Sichtweisen und Ideen zum Zuge – bis schließlich ein Problem gelöst oder eine sinnvolle Entscheidung getroffen werden kann.

Auch wenn Sie mit einem Problem mal ganz allein sind, können Sie diese Methode einsetzen – und sich im Geiste farbige Hüte aufsetzen. Statt bei einer wichtigen Entscheidung nur Pro und Contra abzuwägen, stellen Sie sich die folgenden sechs Fragen: Habe ich alle notwendigen Informationen? Was sagt mein Bauchgefühl? Wie bewerte ich die Alternativen? Worin besteht die Chance? Welche Ideen habe ich sonst noch zum Thema? Und was sind die nächsten Schritte? Mit diesem Sixpack an Fragen kommen Sie sicher aus der mentalen Sackgasse. Statt sich bunte Hüte aufzusetzen, können Sie Aufgaben auch »mental delegieren«. Zum Beispiel an Arnold Schwarzenegger, an Ihren Elektriker, an einen Eskimo und an die Biene Maja. Wie würden die das jeweilige Problem lösen, über das Sie gerade nachdenken?

Die beste von allen Rollen, in die Sie schlüpfen können, ist die eines Kindes. Denn Kinder spielen und entdecken. Sie haben einen unverstellten Blick auf die Welt. Kinder überraschen uns, weil sie Bedeutungen erkennen, die wir Erwachsenen nicht sehen, oder hören. Ich habe vier Geschwister und zwölf kleine Neffen und Nichten. Ostern saßen wir zusammen. Irgendwann geht meine Schwester in die Küche, kommt mit einem riesigen Eisbecher zurück und fragt in die Runde: »Wer will alles Eis?« Da antwortet einer der Kleinen: »Ich will alles Eis.« Natürlich hatte er die Lacher auf seiner Seite – und das Eis für sich.

Humor ist die lustige Variante des Perspektivenwechsels. »Haha« und »Aha« liegen dicht beieinander. In beiden Fällen kommt es zu einer plötzlichen Erkenntnis, zu einem Perspektivenwechsel, zu einer vorher nicht absehbaren Umdeutung. Nehmen Sie als Beispiel die folgende Sherlock-Holmes-Geschichte: Holmes und Watson gehen zelten. Nach guten Gesprächen und gutem Wein schlafen die beiden ein. Mitten in der Nacht wachen sie auf, und Watson sagt zu Holmes: »Schauen Sie mal, das Sternbild da oben, ist das nicht faszinierend? Was hat das zu bedeuten?« Holmes antwortet: »Das hat zu bedeuten: Unser Zelt ist weg.« Oder nehmen Sie das Paar, das seit 15 Jahren verlobt ist, als sie eines Tages sagt: »Schatz, sollten wir nicht endlich heiraten?« Und er antwortet: »Du hast Recht. Aber wer nimmt uns denn jetzt noch?« Humor entsteht, wenn etwas scheinbar Unlogisches plötzlich logisch wird. Wenn zwei getrennte Bezugsrahmen plötzlich ineinanderkrachen. Lachen befreit uns von diesem kognitiven Spagat, den kein Hirn lange aushält. Und eine gute Idee leistet genau dasselbe.

Eine sehr humorvolle, gute Idee hatte auch der Psychologe Dr. Peter Thompson von der University of York in England, als er 1980 in der Fachzeitschrift *Perception* eine optische Täuschung präsentierte, die inzwischen ein Klassiker dieses Genres geworden ist: die »Thatcher-Illusion«. Der nur wenige Sätze lange Beitrag behandelt die Wahrnehmung von Gesichtern. Der eigentliche Knüller ist jedoch ein Porträtfoto von Margaret Thatcher, das auf dem Kopf steht. Beim Drehen des Bildes entsteht ein irrer Effekt: Der Gesichtsausdruck verzieht sich zur Fratze. Der Autor schreibt dies nicht nur der menschlichen Wahrnehmung zu, sondern auch der abgebildeten Thatcher – weshalb die humorerprobten Briten diesen Beitrag so liebten. Damit Sie sich das Ganze vorstellen können, spiele ich für Sie die Thatcher. Auf der Doppelseite sehen Sie meine Version dieses Mirakels. Links ein ganz normales Porträt, das auf dem Kopf steht. Rechts das gleiche Porträt, jedoch ein wenig bearbeitet: Der Mund ist um 180 Grad gedreht. Auf den ersten Blick sehen sich die Bilder ähnlich, zumindest sehen beide recht freundlich aus. Aber drehen Sie das Buch mal auf den Kopf! Dann zeige ich mein wahres Gesicht! Das Erstaunliche ist, dass die Bilder fast gleich wirken, solange Sie das Buch normal in Händen halten, aber völlig unterschiedlich, sobald Sie das Buch gedreht haben. An diesem Effekt hat sich eine ganze wissenschaftliche Diskussion entzündet. Klar ist, dass unsere Fähigkeit, Gesichter zu erkennen, auch kopfüber funktioniert, aber warum fällt uns der gedrehte Mund nicht gleich auf den ersten Blick auf? Warum erst dann, wenn wir das Bild wieder richtig herum betrachten? Eine Erklärung ist, dass wir die beiden Bilder auf unterschiedliche Art und Weise wahrnehmen. Bei der Wahrnehmung des linken, unbearbeiteten, Bildes flüstert uns das Gehirn: »Hallo du. Das Bild steht zwar auf dem Kopf, aber glaube mir: Der Typ lächelt. Das habe ich als dein Gehirn mal kurz berechnet, denn ich bin in der Lage, auch gedrehte Gesichter zu analysieren.« Bei der Wahrnehmung des rechten, getricksten, Bildes flüstert uns das Gehirn: »Hallo du. Ich sehe einen Mund mit Mundwinkeln, die nach oben zeigen. Das ist ein Muster, das ich verdammt gut und schon lange kenne. Also glaube mir: Der Typ lächelt. Ach ja, und übrigens, das Bild steht auf dem Kopf.« Im zweiten Fall dominiert also das Smile-Muster das ganze gedrehte Drumherum. Und tatsächlich: Ein Smile, ein Lächeln, das ist ein Muster, das jedes Hirn der Welt, egal welcher Kultur, egal in welchem Alter, auf Anhieb erkennt und mit den Eigenschaften Freundlichkeit und Zuwendung verbindet. Kein Wunder also, dass dieses Muster auch in der Werbung so viel benutzt wird: In Anzeigen für Uhren zum Beispiel bilden großer und kleiner Zeiger immer ein Smile: um zehn Minuten nach zehn, oder um zehn Minuten vor zwei. Uhren sind wahrscheinlich das einzige Produkt, das man zu einer bestimmten Tageszeit fotografieren muss, damit die Anzeige ihre Wirkung nicht verfehlt. Peter Thompson jedenfalls hat mit seiner Thatcher-Illusion die Wirkung nicht verfehlt. Und auch ich freue mich, wenn Sie durch das Drehen des Buches einen Perspektivenwechsel der besonderen Art genießen.

Hier zeigt der Autor ...

... sein wahres Gesicht!

Alles eine Frage der Perspektive

Äpfel mit Birnen vergleichen? Unbedingt!

*Kreative Köpfe begeben sich in Parallelwelten,
entdecken Ähnlichkeiten und finden Metaphern.*

In Anzeigen für Autos findet man oft Headlines wie: »Fahren wie auf Schienen«. Politiker beschwören die »Steuererklärung auf dem Bierdeckel«. Maradona schießt Tore mit Hilfe der »Hand Gottes«. Und wenn ich in einem blubbernden Whirlpool liege, kann ich mir vorstellen, wie sich »Spaghetti beim Kochen« fühlen. Vergleiche sind ein Wundermittel. Sie sind der Anker im Großhirn, der Nährboden für gute Ideen, der Funke für den Geistesblitz, der platzende Knoten, die Frucht der Erkenntnis, der Stein der Weisen und das Ei des Kolumbus. Die erste Lektion für den ideenreichen Kopf lautet deshalb: Vergleiche! Vergleiche alles mit jedem. Vergleiche Äpfel mit Birnen. Vergleiche deine Ideen mit rohen Eiern ohne Schale. Vergleiche Zeit und Raum mit einem Ritt auf einem Lichtstrahl, wie einst Einstein. Vergleiche! Das heißt: Suche nach Ähnlichkeiten, die nicht offensichtlich sind, die dich selbst überraschen – und andere erst recht.

Überraschende Ähnlichkeiten sind ein beliebtes Witzprinzip: Was haben ein U-Boot und ein Notebook gemeinsam? Kaum macht man ein Fenster auf, fangen die Probleme an. Man kann den Spieß aber auch umdrehen: »Haben Sie denn überhaupt nichts mit Ihrer Frau gemeinsam?«, fragt der Scheidungsrichter. »Doch, wir haben am selben Tag geheiratet!«

Auch für Werber ist die Suche nach Vergleichen Alltagsarbeit. Da gibt es ein Produkt, für das eine Werbeidee gesucht wird. Sagen wir mal: eine Socke. Und natürlich hat die Socke eine Eigenschaft, die sie einzigartig macht. In unserem Fall ist diese Herrensocke – mehr als alle anderen Socken auf der Welt – besonders modisch. Und am Ende heißt die Headline dann: »Krawatten für die Füße«. Die Werbekampagne der Marke Elbeo war ein Riesenerfolg, nicht zuletzt wegen der konsequenten Umsetzung auch als Bildmotiv.

Aus Vergleichen entstehen Ideen für Tagungen und Events. Wenn ein Unternehmen sich mit einem Team auf einem Segelboot vergleicht, dann lautet das nächste Tagungsmotto schnell mal »Segel setzen für den Erfolg« oder »Kurs auf Höchstleistung«. Das Segelboot übrigens ist die Top-Metapher aller Tagungen in Deutschland, dicht gefolgt von der Formel 1 und der Fußballmannschaft. Im WM-Jahr 2006 hat die Fußballmannschaft in der Beliebtheit sogar kurzfristig mal das Segelboot überholt. Aber die Zeiten ändern sich. Seit der Finanzkrise sind Minigolf und Orientierungslauf im Kommen.

Wo sind die Ideen, bevor man sie hat?

Über das Phänomen, dass man hinterher immer schlauer ist.

John Cleese hat in seinem Leben die eine oder andere Idee gehabt. Daran besteht kein Zweifel. Auf dem Creativity World Forum 2008 in Belgien erklärte er, er bekäme seine Ideen von einem Mann aus Swindon, einem Stadtteil von London, jeden Montagmorgen per Postkarte. Als er den Mann aus Swindon einmal nach dem Ursprung der Ideen fragte, verwies dieser auf eine alte Dame, die auf der Isle of Wight lebte. Als Cleese sich bei der alten Dame erkundigen wollte, lehnte diese jede Auskunft über die Herkunft der Ideen ab. Beruhigend zu wissen, dass auch John Cleese den Ort nicht so ganz genau in Erfahrung bringen konnte. Aber aufgeben sollten wir die Suche trotzdem nicht.

Im Rückblick erscheinen Ideen ja immer ganz einfach, so naheliegend, so logisch. Der Gedankengang rückwärts, von der Lösung zum Problem, ist kurz und direkt. Aber der Weg vom Problem zur Lösung? Solange wir nur das Problem kennen, erscheint die Lösung unendlich weit weg.

Edward de Bono hat dafür ein Bild: Wenn ein Käfer von einem Blatt zur Wurzel eines Baumes spaziert, dann ist das ein ganz direkter Weg. Es reicht aus, die Richtung zu halten, also nach unten, und der Käfer kommt mit hundertprozentiger Sicherheit an der Wurzel an. Aber andersrum? Wenn er bei der Wurzel startet? Wie oft wird er die Richtung wechseln, Abzweigungen suchen, sich verlaufen, Fehler machen, bis er endlich auf dem einen Blatt ankommt, das der Lösung entspricht?

Wenn Sie eine Partnerin bzw. einen Partner haben: Rückblickend ist doch vollkommen klar, dass Sie sich treffen mussten, oder? Aber vor dem ersten Treffen? Da sind Sie rumgeirrt wie der Käfer auf seinem Baum. Warum haben Sie sich nicht einfach angerufen? Es gab Sie doch schon!

Es ist zum Heulen. Häufig sehen wir die Lösung nicht, obwohl sie zum Greifen nahe ist. Wie oft hat jemand anders die Idee, und wir denken im Nachhinein: »Hätte ich auch selbst draufkommen können?« Selbst draufkommen, wie geht das? Was muss passieren, damit wir selbst die Idee zur Welt bringen? Ich verrate es Ihnen:

Bevor eine Idee geboren wird, gehen Sie mit der Idee schwanger. Und bevor Sie mit der Idee schwanger gehen – das passiert ja auch nicht von allein –, müssen sich zwei Gedanken ganz liebgehabt haben. Sie müssen sich das so vorstellen: Zwei Gedanken gehen Ihnen durch den Kopf, zunächst auf getrennten Wegen. Aber der Kopf ist rund, damit die Gedanken die Rich-

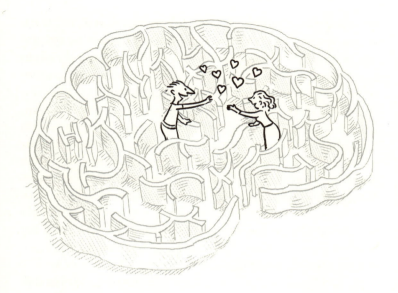

tung wechseln können. Und dann irgendwann begegnen sie sich. Und befruchten sich gegenseitig.

Wenn die Gedanken, die Ihnen durch den Kopf gehen, nicht von allein die Richtung wechseln, dann können wir sie dazu zwingen: indem wir Denkmuster zerstören, Annahmen hinterfragen, absurde Vergleiche anstellen, absichtlich unlogisch denken oder anfangen zu spielen. So weit, so gut. Aber wie genau geht das mit dem Befruchten? Wie verschmelzen zwei Gedanken zu einem? Ungefähr so: Denken Sie an Trecker. Und denken Sie an Sahnetorte. Zwei Gedanken. Und jetzt stellen Sie sich vor, wie ein Trecker über eine riesige Sahnetorte fährt – und in der Sahne versinkt. Genau diese Vorstellung ist im zweiten Kapitel schon einmal vor Ihrem geistigen Auge aufgetaucht, und zwar bei unserem Ausflug ins Atelier der Gedächtniskünstler. Dort haben wir gesehen, wie fantasievolle Assoziationen dem Gedächtnis helfen. Denken Sie an die sieben Merkwirkstoffe (oder lesen Sie noch einmal kurz nach). Assoziationen stellen Verbindungen her, wo noch keine bestehen. Assoziationen verschmelzen zwei Gedanken zu einem. Assoziationen kombinieren schon Vorhandenes zu etwas Neuem. An keinem anderen Punkt sind sich Gedächtniskunst und die Kunst des kreativen Denkens näher. Vorhandenes zu etwas Neuem kombinieren: Darin liegt das Geheimnis. Eine Idee ist eine neue Kombination alter Elemente. Wo also sind die Ideen, bevor man sie hat? Sie fliegen in Einzelteilen durch die unendlichen Weiten unseres Hirns, bis wir sie – durch Zufall oder Notwendigkeit – zu einem nützlichen Ganzen zusammenfügen.

Es gab die Weinpresse, es gab die Münzpräge: Gutenberg hat beides zum Buchdruck kombiniert. Es gab das Rad, es gab den Schuh: Jean-Joseph Merlin hat beides zum Rollschuh kombiniert. Es gab die Klebe, es gab den Zettel: Arthur Fry hat beides zum Post-it kombiniert. Die Geschichte der Erfindungen ist eine Geschichte des Kombinierens. Wer kombinieren kann, kann erfinden.

In meiner Show werden Zuschauer zu Erfindern. Sie kombinieren Dinge, die es schon gibt, völlig neu. In einem kollektiven Brainstorming entstehen Dutzende Ideen und Innovationen. Was genau passiert? Ich bitte jeden Zuschauer an ein beliebiges Objekt, an einen Gegenstand oder an ein Produkt zu denken. Danach verraten sich Sitznachbarn gegenseitig, was sie gerade im Kopf haben. Und dann wird munter drauflos kombiniert: Badewanne mit Bürolocher, Gastherme mit Blumentopf, Laptop mit Türgriff. In Sekundenschnelle ist der Badeschaumlocher erfunden. Und das Energiesparhaus mit Erdwärme aus dem Blumentopf. Und natürlich der BlackBerry in der ergonomischen Form einer Türklinke. Ich staune jedes Mal. Denn das wirklich Faszinierende an dieser Aktion ist nicht nur, dass Dutzende genialer Ideen entstehen. Das Faszinierende ist, dass diese genialen Ideen entstehen, obwohl ein völlig unberechenbarer Lump im Spiel ist: der Zufall. Die Zuschauer kombinieren ja nicht Gegenstände oder Produkte, die sich für eine pfiffige Kombination besonders eignen. Nein, sie kombinieren irgendwas mit irgendwas. Total zufällig. Und genau darin liegt der Knackpunkt. Der Zufall zwingt uns zu dem, was beim kreativen Denken so wichtig ist: die kleine Abzweigung von der mentalen Hauptstraße zu finden, lateral zu denken, mal nicht der Logik zu folgen. Der Zufall ist die beste Kreativitätstechnik.

Wenn Sie eine Idee suchen oder ein Problem lösen wollen, schlagen Sie ein Buch auf, egal welches und egal auf welcher Seite, suchen Sie das erste Hauptwort in der ersten Zeile, und kombinieren Sie dieses Wort mit Ihrem Problemthema. Das Problem hat keine Chance. Sie werden es anpacken können. Sie werden einen Zugang oder eine Perspektive entdecken, die vorher versperrt oder unsichtbar war. Und hinterher werden Sie sagen: Da hätte ich auch früher draufkommen können. Hätten Sie auch. Aber nur wenn Sie das Buch früher aufgeschlagen hätten.

Überall dort, wo kreativ gearbeitet wird, werden Sie Regale und Schränke voller Blättermaterial finden: Zeitschriften, Fotobände, Jahrbücher, Kataloge, eine wilde Mischung. Für Ideensuchende ist das Blättern ein Ritual. Der Kreative hat sein Briefing, seine Aufgabe, sein Problem im Kopf. Und dann blättert er wie ein Wilder durch den Wald. Dabei wird das Problem von allen Seiten befeuert. Auf den einen Gedanken, der dem Kreativen gerade durch den Kopf geht, treffen in wenigen Minuten Hunderte Bilder, Wörter, Bedeutungsfetzen – und bieten sich zur mentalen Befruchtung an.

Der Zufall war auch 1839 am Werk, als der Autodidakt Charles Goodyear mal wieder mit Chemikalien rumspielte und eine

Schwefel-Kautschuk-Mischung – ganz ohne Absicht – auf seine heiße Herdplatte tropfte. Das Gemisch verwandelte sich in Gummi. Goodyear hatte die Vulkanisation entdeckt. Auch Alexander Fleming kam 1928 der Zufall zu Hilfe. Nach dem Experimentieren hatte er eine dreckige Schale einfach in die Laborecke gestellt und war in die Sommerferien gegangen. Als er nach den freien Wochen wieder zurückkam, war darin ein Schimmelfleck gewachsen, um den herum alle Bakterien abgestorben waren. Er ging der Sache auf den Grund und entdeckte das Penizillin. Und nur weil Dimitrios Vakondios in einer Arbeitspause im Jahr 1957 kein heißes Wasser für einen Kaffee auftreiben konnte, schüttelte und rührte er sich den ersten kalten Café frappé, der danach ein Nestlé- Verkaufsknüller wurde. Zufälle gibt es, die gibt es gar nicht.

Und Arbeit ist es trotzdem

Ein paar Tipps und Tricks, die Ihnen das kreative Arbeiten erleichtern.

»Heureka«, hat Archimedes gerufen und ist nackig durch Syrakus gelaufen, nachdem er in der Badewanne das archimedische Prinzip entdeckt hatte. Gute Ideen geben Auftrieb! Und damit auch Sie eines Tages nackig und voller Begeisterung auf die Straße laufen können (bitte senden Sie mir unbedingt ein Bild davon), möchte ich Ihnen noch ein paar Tipps und Tricks mit auf den Weg geben.

Sie dürfen sich nie mit der ersten Idee zufriedengeben. Die erste Idee ist nur die erste, nicht die beste! Leider neigen wir dazu, bereits mit der erstbesten Idee zufrieden zu sein, weil dann der Schmerz schnell nachlässt. Weitersuchen tut weh.

Aber kreativen Menschen geht es nicht darum, dass der Schmerz schnell nachlässt, sondern dass der Spaß an der Lösungssuche zunimmt. Von der Zufriedenheit mit der erstbesten Idee leben ganze Industriezweige. Zum Beispiel dann, wenn Menschen mal wieder das Problem haben, ein Geschenk zu finden. Die berühmten Abteilungen für Geschenkartikel sind Versammlungen erstbester Ideen, aber auch letzte Zuckungen menschlicher Kreativität – und deshalb unbedingt zu meiden. Wenn das Geschenk schon eine persönliche Note tragen soll, dann bitte nicht dadurch, dass Sie aus einem Multiple-Choice-Regal eine CD mit dem Geburtsjahr des beschenkten Mitmenschen ziehen. Ich habe am 6. September Geburtstag. Und sollte ich Sie jemals einladen, dann schenken Sie mir bitte keine Kaffeetasse mit meinem Namen drauf. Schenken Sie mir die zweite, dritte oder vierte Idee, die Sie hatten – nicht die erstbeste.

Was glauben Sie: Gibt es überhaupt für jedes Problem eine Lösung? Sie glauben ja? Das ist falsch! Es gibt nicht eine, es gibt viele Lösungen für jedes Problem. Solange wir glauben, dass es nur eine einzige Lösung gibt, hören wir auf zu suchen, wenn wir sie gefunden haben. Und wir sind in unsere eine Lösung auch besonders verliebt. Wir können uns gar nicht vorstellen, dass jemand anders eine weitere Idee hat. Vielleicht sogar eine bessere. Nein, das kann nicht sein. Nur die eigene Idee ist die richtige! Keine Kompromisse! Und schon setzt er ein: der mentale Protektionismus, der den Ideenreichtum von Gruppen und Teams begrenzt. Nur wer an die Vielzahl von Ideen glaubt, der öffnet Grenzen.

Wann immer Sie eine Idee suchen, suchen Sie so viele Ideen wie möglich. Produzieren Sie Menge. Das gilt, wenn Sie alleine suchen. Das gilt, wenn Sie in Gruppen suchen. Schreiben Sie brutal viel auf, in möglichst kurzer Zeit. Und lassen Sie Quatsch zu. Jeder Quatsch kann ein Sprungbrett sein für die geniale

Idee, auf die Sie durch den Quatsch erst kommen. Man sieht dem Quatsch seine Qualitäten manchmal gar nicht an. Und wenn Sie jemand komisch von der Seite anschaut und sagt: »So ein Quatsch!«, dann nehmen Sie das als Kompliment.

Außerdem müssen Sie eine große Liebe zu kleinen Ideen entwickeln. Aus den kleinen Ideen entstehen die mittleren. Und aus den mittleren die großen. So wie kleine Geschenke die Freundschaft erhalten, erhalten kleine Ideen den kreativen Spirit.

Und bitte: Passen Sie ja auf, dass Sie Ihre großen und kleinen Ideen nicht vergessen. Obwohl ich ein paar Gedächtnistricks kenne, vergesse ich selbst immer wieder gute Ideen, die mir irgendwo irgendwann einfallen. Zum Beispiel im Halbschlaf. Ich habe mir irgendwann mal Zettel und Stift ans Bett gelegt, um auch mitten in der Nacht flüchtige Gedanken festhalten zu können. Wochenlang passierte nichts. Aber irgendwann wachte ich morgens auf, und da war es wieder, dieses Gefühl, eine tolle Idee gehabt zu haben. Der Zettel? Der Stift? Beides lag ein wenig verschoben auf dem Nachttisch. Ich musste die tolle Idee also tatsächlich notiert haben. Und was stand auf dem Zettel, in krakeliger Schrift? »Gerade gute Idee gehabt …«

Ideen, die Sie haben, aber nicht sammeln, sind keine Ideen. Das ist so, als würden Sie im Wald Pilze suchen, Pilze finden, sich stolz auf die Schulter klopfen, aber trotzdem mit leerem Korb nach Hause kommen. Ideen gehören festgehalten.

Während ich hier sitze und schreibe, ist auf meinem Rechner ein Dokument geöffnet mit dem Namen »Ideenkralle«. Da wird jeder gute Gedanke festgehalten, der beim Schreiben nebenbei abfällt. Eine »Ideenkladde« liegt neben dem Rechner, damit ich jederzeit Gedanken in Bildern und Skizzen festhalten kann. Hinter mir liegen Büchlein und Blocks verschiedener

Größe, die mich auf Reisen oder in bestimmten Projekten begleitet haben. Im Schrank stehen Ordner mit Konzepten, Skripten, Sammlungen, Ausschnitten, Zitaten, Texten, die ich regelmäßig wieder durchblättere – und ergänze. Ich sammele sonst nichts, nur Ideen. Und es hilft:

Wenige Tage vor der Premiere meiner Soloshow hatte ich die Idee für eine Nummer, bei der ich mir vier große Ohren aufsetze und das Vier-Ohren-Modell der Kommunikation von Friedemann Schulz von Thun persifliere. Auch meine Regisseurin Claudia Wehner hatte Spaß an der Idee. Aber die Zeit drängte. Mein guter Freund – und Covergestalter dieses Buchs – René Fehrmann baute mir über Nacht einen tollen Helm mit vier großen elektrisch leuchtenden Ohren. Die Nummer funktionierte. Erst ein paar Monate später, als ich mal wieder durch alte Ordner blätterte, fiel mir eine fast zehn Jahre alte Skizze in die Hand. Sie stammte aus Zeiten meines Studiums bei Schulz von Thun an der Uni Hamburg. Auf der Skizze war ein Kopf mit Helm und vier Ohren zu sehen. Die Idee mit den vier Ohren zum Aufsetzen hatte ich offensichtlich in einer Vorlesung gehabt. Ich hatte die Idee notiert und abgeheftet, und wahrscheinlich ist sie mir nur deshalb im richtigen Moment wieder in den Sinn gekommen.

Ideen notieren hat zwei gute Gründe. Erstens: Die Idee geht nicht verloren. Und zweitens: Ihr Gehirn wird die Idee – auch ohne Nachblättern – im entscheidenden Moment von ganz allein wiederfinden. Durch das Notieren oder Skizzieren einer Idee manifestieren Sie den Gedanken. Danach können sie ihn loslassen und sicher sein: Der kommt wieder.

Den Schalter umlegen – von der Ideenfindung zur Umsetzung

*Warum Sie zum Umsetzen einer Idee
ein anderer Mensch werden müssen.*

Egal in welches Buch Sie schauen, Sie werden den kreativen Prozess immer in vier bis fünf Phasen vorgestellt bekommen, die ursprünglich von dem französischen Mathematiker Henri Poincaré formuliert wurden: Zunächst definiere man die Aufgabe und sammle möglichst viele Informationen. Dann durchdenke man die Sache in vielfältiger Weise. Schließlich verbanne man alles aus dem Bewusstsein und lege eine schöpferische Pause ein, bis nach einer Zeit der Inkubation plötzlich eine Illumination erfolgt – der berühmte Geistesblitz. Dann prüfe man die Idee auf Verwendbarkeit und setze sie mit Elan um.

Naja, man kann den Prozess der Ideenfindung sicherlich in solchen Phasen beschreiben. Meine eigene Sichtweise ist etwas pragmatischer. Ich komme selten dazu, eine Aufgabe aus dem Bewusstsein zu verbannen, der Inkubation zu überlassen und auf den ungewissen Zeitpunkt der Illumination zu warten. Das macht kein Kunde mit. Wenn ich eine kreative Aufgabe zu lösen habe, dann gibt es einen Zeitpunkt des Briefings, eine Deadline für die Abgabe, eine Vereinbarung darüber, wie die Idee oder das Konzept präsentiert wird – und ein fair verhandeltes Honorar. Ideenfindung ist eine Dienstleistung, kein esoterischer Erleuchtungstanz. Es geht darum, in gegebener Zeit und mit gegebenen Mitteln einen kreativen Output zu produzieren – und einen Kunden zufriedenzustellen. Vielleicht auch den Chef, oder sich selbst, oder sonst wen. Am Ende jedenfalls ist eine Idee dafür da, einen Nutzen zu stiften und jemandem einen Dienst zu erweisen.

Eine typische Aufgabe lautet bei mir etwa so: »Guten Tag, Herr Wolff, in drei Monaten kommen wir mit den 130 Führungskräften unseres Unternehmens zu einer Tagung zusammen. Es geht darum, das Thema Innovation nach vorne zu bringen. Wir werden erstmals einen Innovationspreis verleihen. Im Anhang dieser Mail finden Sie 37 PowerPoints, denen Sie bitte die notwendigen Informationen entnehmen. Wir würden uns freuen, wenn Sie bis Ende der Woche (heute ist ja erst Donnerstag) eine Leitidee und ein Konzept mit Motto, Tagungsablauf, Abendprogramm und Teamerlebnis vorlegen.« Und dann geht es an die Arbeit.

Beginnen wir einmal mit der gegebenen Zeit zwischen Auftrag und Deadline. Die Zeit müssen Sie sich einteilen in Ideensuche und Ideenumsetzung. Fast immer und überall wird für das Suchen zu wenig und für das Umsetzen zu viel Zeit eingesetzt. Nehmen wir als Beispiel eine Projektgruppe, die der Geschäftsführung eine Idee für eine zukünftige Mitarbeiterzeitung präsentieren soll. Die Projektgruppe setzt sich zusammen und macht ein Brainstorming. Große Freude stellt sich ein, wenn eine Idee gefunden wird, die allgemeine Zustimmung erfährt. Damit hat die Suche nach weiteren Alternativen ein Ende, obwohl vielleicht erst 30 Prozent der geplanten Arbeitszeit verbraucht sind. Die anderen 70 Prozent werden investiert, um die Präsentation für die Geschäftsführung vorzubereiten, ein schickes Layout herzustellen, ein Papier zu schreiben, das die Idee noch einmal im Detail erklärt, und natürlich die Arbeitsteilung für die Präsentation zu besprechen: Wer sagt was in welchem Moment? Die Enttäuschung ist dann umso größer, wenn die Geschäftsführung 100 Prozent der Arbeit mit einem einzigen Totschlagargument vom Tisch fegt. Eine gute Alternative wäre, 70 Prozent der Arbeitszeit in die Ideensuche zu stecken, von allen Ideen drei möglichst unterschiedliche auszuwählen und diese in den verbleibenden 30 Prozent der Arbeitszeit nur sehr grob auszuarbeiten. Eine noch bessere Alternative wäre, 90 Prozent der Zeit in die Ideensuche zu investieren und in der Präsentation eine Hammeridee auf den Tisch zu knallen. Hier gilt die Regel: Je hammer die Idee, umso überflüssiger die PowerPoint. Eine gute Idee erklärt sich von allein. Dieses Prinzip der »maximal langen Suche« war einer der Erfolgsprinzipien meines alten Arbeitgebers Springer & Jacoby. Es ging bei Präsentationen immer darum, eine brillante Idee kurz und knackig zu skizzieren. Es ging nie darum, eine mittelmäßige Idee in Essig und Öl darzustellen. Das haben andere Agenturen gemacht. Die haben allerdings auch selten Kreativpreise gewonnen.

Was heißt das praktisch? Sie müssen bei jeder Ideensuche so lange es geht so viele Ideen wie möglich generieren. Sie müssen so lange unzufrieden sein mit dem, was schon auf dem Tisch liegt, bis die Deadline so nahe rückt, dass Sie die Auswahl des Favoriten um keine Sekunde mehr hinauszögern können. Erst dann dürfen Sie die Ideensuche beenden und in die Umsetzungsphase gehen.

Wenn Sie mit Ihrem Auto auf eine unübersichtliche Kreuzung mit zahlreichen Abzweigungen zufahren, dann können Sie sich schon Hunderte Meter vor der Kreuzung in eine bestimmte Spur einordnen. Sicher ist sicher. Aber leider kann es sein, dass Sie erst kurz vor der Kreuzung alle Schilder lesen und Ihr eigentliches Ziel ins Auge fassen können. Und wenn Sie dann schon in der linken Spur stecken, dürfte es schwierig werden, nach rechts abzubiegen. Halten Sie sich lieber alle Spuren offen, so dass Sie in letzter Sekunde – dafür mit maximaler Einsicht – das Steuer noch rumreißen können. Diese Strategie setzt voraus, dass Sie den fließenden Verkehr beobachten, offen bleiben für alle Richtungen, ab und an auch mal über durchgezogene Linien fahren und vor Antritt der Reise einen Blick auf die Übersichtskarte geworfen haben.

Den richtigen Zeitpunkt für eine Entscheidung zu finden, ist eine Kunst für sich. Beim kreativen Arbeiten gilt: so spät wie möglich. Einfach deshalb, weil Ihnen jede Sekunde noch eine Idee über den Weg laufen könnte, die alle vorherigen toppt.

Wichtig ist, nach der Entscheidung für eine Idee die Umsetzung ganz sauber von der Ideensuche zu trennen. Warum? Weil Sie sich in einen anderen Menschen verwandeln müssen! Auf Ideensuche sind Sie Querdenker und Fantast. Bei der Umsetzung aber sind Sie Perfektionist und Hardliner. Auf Ideensuche ist alles erlaubt, was zu weiteren Ideen führt. Bei der Umsetzung ist alles verboten, was von der favorisierten Idee ablenkt. Auf Ideensuche ist jede Art von Urteil oder Bewertung hinderlich für den kreativen Prozess. Für die Umsetzung ist eine Bewertung der Ideen unbedingt notwendig. Auf Ideensuche steht Ihre Tür weit offen, Sie sind dankbar für Impulse und Anregungen. Bei der Umsetzung ist Ihre Tür geschlossen, damit Sie fokussiert arbeiten können. Die Verwandlung vom Ideensucher zum Ideenumsetzer ist eine große Herausforderung, auch für die Menschen in Ihrem Umfeld. Signalisieren Sie immer, in welchem Zustand Sie sich gerade befinden. Basteln Sie sich ein Türschild: »Ich suche Ideen – bitte suchen Sie mit« und ein Türschild: »Die Deadline naht – bitte bleiben Sie fern.« Vor allem aber: Machen Sie sich selbst klar, ob Sie noch suchen oder schon umsetzen. Menschen, die mitten in der Umsetzung wieder auf Suche gehen, werden nie fertig. Und Menschen, die Ideen schon umsetzen, bevor die Suche beendet ist, machen das Falsche fertig.

Die Zeit, die zur Verfügung steht, ist wichtig. Noch wichtiger für das Ergebnis der kreativen Arbeit aber sind die Mittel, die Ihnen zur Verfügung stehen, und die Bedingungen, unter denen Sie arbeiten oder arbeiten müssen. Zu den Mitteln zähle ich Wissen, Erfahrung, Informationsquellen, Vernetzung und

Methoden. Zu den Bedingungen zähle ich Ort und Umfeld, Kultur und Kommunikation, Menschen und Emotionen. Und bei den Emotionen ganz besonders: Ihre eigene gute Laune. Die kreative Arbeit ist vielen Einflussfaktoren ausgesetzt. Und nur wenigen Menschen oder Organisationen gelingt es, alle Faktoren zu einer Ideen- oder Innovationskultur auszugestalten.

In meiner Arbeit für Unternehmen beobachte ich eine Art Innohype: Jeder weiß, dass Innovationen zum Überleben notwendig sind. Jeder schreibt sich deshalb das »I-Wort« auf die Fahne. Gehen Sie mal auf irgendeine Homepage irgendeines größeren Unternehmens in Deutschland. Im Menü »Unser Unternehmen« finden Sie unter »Unsere Werte« garantiert: Innovationsfähigkeit. Und dann fragen Sie mal einen Sachbearbeiter desselben Unternehmens, was Innovationsfähigkeit für ihn bedeutet: »Da habe ich nichts mit zu tun. Das machen die bei uns in der Technik oder in der Entwicklung.« Und Feierabend. Selten durchdringt innovatives Denken die Unternehmenskultur bis in die Köpfe aller Mitarbeiter hinein. Unter Innovation wird häufig leider nur die technische Innovation verstanden. Wenn ich einen Innovationspreis vergeben dürfte, dann für das Unternehmen mit der pfiffigsten Kommunikation der Mitarbeiter untereinander. Und hier sind die ersten Kriterien, die eine Rolle spielen würden:

Die Mitarbeiter reden mehr miteinander als in anderen Unternehmen, vor allem über Abteilungs- und Hierarchiegrenzen hinweg. Die Sätze, die sie sprechen, enden häufiger mit einem Fragezeichen als mit einem Ausrufezeichen. Die Redeanteile sind gleichmäßig verteilt. Zwischen den Zeilen ist Platz für eine Menge Humor. Und Ideen werden hemmungslos weitererzählt. Außerdem gilt eine ganz einfache Regel: Wer im Dialog einen Vorschlag seines Gegenübers ablehnt, ist in der Pflicht, einen neuen Vorschlag zu machen, dem beide zustimmen.

Eine Wundertüte voller Anregungen

*Ein Dutzend quergedachter Ideen, mit denen
Sie machen können, was Sie wollen.*

1. Einseitige Ernährung

Kaufen Sie nur Lebensmittel ein, die mit dem Buchstaben »E« beginnen – oder mit irgendeinem anderen der 26 Buchstaben. Kochen Sie daraus ein erstaunliches Essen. Fragen Sie die Bekochten, ob ihnen irgendetwas auffällt. Freuen Sie sich schon jetzt auf die Antworten. Eine Variante von »Einseitige Ernährung« ist, Lebensmittel zu kaufen, die alle dieselbe Farbe haben. Dann jedoch hat sich die Frage an die Bekochten erledigt. Es sei denn, Sie veranstalten ein Dinner im Dunkeln.

2. Hakenfreier Aufhänger

Erfinden Sie eine Technik, mit der man Jacken und Mäntel an glatten Wänden aufhängen kann. Lassen Sie sich diese Technik patentieren, und werden Sie Millionär. Vielleicht sind Magnete in Wand und Kleidungsstück eingelassen? Vielleicht sind die Wände so schief, dass die Jacken nicht runterrutschen? Vielleicht sind die Mäntel mit Luftballongas gefüllt und schweben an der Wand? Lassen Sie sich was einfallen.

3. Flohmarkt-Millionäre

Verabreden Sie sich mit ein paar Freunden zu einem Flohmarkt oder Trödelmarkt. Organisieren Sie sich vorher in Zweierteams. Jedes Team hat einen eigenen Stand und bringt zehn

Euro Startkapital mit – sonst nichts! Für die zehn Euro kaufen die Teams Trödel ein und versuchen dann, diesen Trödel teurer weiterzuverkaufen. Der Gewinn wird in weiteren Trödel investiert, der ebenfalls wieder verkauft wird. Nach einer fest vereinbarten Spielzeit wird ermittelt, welches Team das meiste Geld in der Kasse hat. Dieses Team erhält den übrig gebliebenen Ramsch. Dann wird gefeiert.

4. Glück im Supermarkt

Nehmen Sie sich bewusst eine Stunde Zeit und machen Sie hektische Menschen im Supermarkt glücklich. Dazu packen Sie einen Einkaufswagen randvoll mit Lebensmitteln und stellen sich an der Kasse an. Wenn sich der nächste Kunde hinter Ihnen anstellt, lassen Sie ihn vor. Den danach auch. Und den übernächsten auch. Noch mehr Spaß macht die Sache, wenn Sie gemeinsam mit Freunden in den Supermarkt gehen und mit mehreren Einkaufswagen an der Kasse stehen.

5. Lebenslinie voller Erinnerungen

Erinnern Sie sich gemeinsam mit einem guten Freund oder Ihrem Lebenspartner an die Zeit vor dem Kennenlernen. Dazu zeichnen Sie auf ein A3-Blatt eine Zeitachse mit Jahreszahlen. An der Zeitachse entlang notieren Sie in Stichwörtern jeweils wichtige Ereignisse und Erlebnisse. Finden Sie heraus, was sie zeitgleich getan haben, lange bevor Sie sich kannten.

6. Energie am Telefon

Wenn Ihr Telefon klingelt, dann rufen Sie kurz »Halleluja«, damit Ihre Stimme in Schwung kommt. Setzen Sie ein Lächeln auf, damit Sie hörbar strahlen. Reagieren Sie freudig überrascht, egal wer sich am anderen Ende der Leitung meldet. Telefonieren Sie im Stehen, damit das Gespräch in Bewegung gerät. Und falls der Anrufer trotz allem unfreundlich ist, simulieren Sie eine Störung und legen einfach auf. Rufen Sie danach noch einmal »Halleluja«.

7. Porsche-Probefahrt

Gehen Sie in ein Porsche-Autohaus. Ziehen Sie sich keine besondere Kleidung an. Kaufen Sie sich jedoch vorher einen Lottoschein, der über mehrere Wochen läuft. Erklären Sie dem Verkäufer, dass Sie beabsichtigen, sich einen Porsche zu kaufen, falls Sie im Lotto gewinnen. Bitten Sie um eine Probefahrt. Wenn Sie im Lotto gewinnen, kaufen Sie diesem Verkäufer einen Porsche ab.

8. Rache für Fragebögen

Füllen Sie immer und überall Fragebögen aus, die nach Ihrer Zufriedenheit mit Produkten oder Dienstleistungen fragen – in Hotels, in Restaurants, in Werkstätten, in Läden und Geschäften. Notieren Sie unter Ihr Feedback den folgenden Satz: »Feedback bearbeitet? Bitte senden Sie eine Mail zur Bestätigung an: (Ihre Mailadresse).« Notieren Sie sich, wem Sie wann Feedback per Fragebogen gegeben haben. Veröffentlichen Sie eine Liste im Internet mit allen Unternehmen, die Ihr Feedback nicht rückbestätigen. Gründen Sie eine Bewegung von Menschen, die dasselbe tun. Lehnen Sie sich auf gegen billig vorgetäuschte Servicebemühungen. Belohnen Sie Unternehmen, die Ihr Feedback wirklich berücksichtigen.

9. Floskelstopper

Verhängen Sie ein Verbot, in Meetings und Brainstormings bestimmte Floskeln zu benutzen. Hängen Sie dieses Verbot für alle sichtbar an der Wand auf. Die verbotenen Floskeln sind zum Beispiel: »Das haben wir schon immer so gemacht«, »Funktioniert nicht«, »Viel zu teuer« und »Vielleicht später«.

10. Restaurantsuche

Wenn Sie zu zweit essen gehen, dann fahren Sie los, bevor Sie sich für ein Restaurant entschieden haben. An jeder Kreuzung mit Ampel wird abwechselnd entschieden, ob Sie rechts oder links abbiegen. Legen Sie vorab eine Fahrzeit in Minuten fest. Sobald die Zeit abgelaufen ist, halten Sie vor dem nächstgelegenen Restaurant. Falls es sich nicht um eine miese Spelunke handelt, speisen Sie dort.

11. Gedanken lesen

Erzählen Sie einem guten Freund, dass Sie sich für die nächste Staffel von »The next Uri Geller« bewerben möchten. Bitten Sie diesen Freund, Ihnen für ein Experiment zur Verfügung zu stehen und Ihren Anweisungen im Geiste zu folgen. Sprechen Sie mit mystischer Stimme: »Denke dir irgendeine Zahl von 1 bis 9. Multipliziere diese Zahl mit 9. Bist du so weit? Bilde nun die Quersumme – addiere also die einzelnen Ziffern. Ziehe von dem Ergebnis 5 ab. Du hast jetzt eine Zahl im Kopf, deine Zahl. Nichts verraten! Suche dir nun den Buchstaben aus dem Alphabet, der an der entsprechenden Stelle steht. Hast du den Buchstaben? Gut! Denke dir ein Land in Europa, das mit diesem Buchstaben beginnt, aber nicht an Frankreich grenzt. Und denke dir eine Frucht, die ebenfalls mit diesem Buchstaben beginnt. Du hast ein Land und eine Frucht im Kopf? Gut!« Schauen Sie jetzt besonders ernst, wie ein Gedankenleser. Ihr Freund wird sehr verblüfft sein, wenn Sie dann plötzlich sagen: »Was hat Dänemark mit Datteln zu tun?« Bewerben Sie sich trotzdem nicht beim Fernsehen.

12. Marotte suchen

Jeder Mensch sollte bekannt sein – für eine Marotte. Wenn Sie noch keine Marotte haben, denken Sie sich eine Marotte aus, und pflegen Sie diese Marotte liebevoll. Eine Marotte ist laut Duden eine Schrulle, eine wunderliche Neigung. Machen Sie ein Marotten-Brainstorming. Setzen Sie Ihre Marotte schon morgen um. Tragen Sie Ihre Armbanduhr falsch herum. Drehen Sie den Henkel Ihrer Kaffeetasse stets vom Körper weg. Benutzen Sie altbackene Worte wie »ei der Daus«. Beobachten Sie genau, welche Marotten andere Menschen pflegen. Freuen Sie sich gemeinsam über Ihre typischen Marotten.

13. Das (x + 1)-Prinzip

Liefern Sie immer eine Idee mehr als geplant oder versprochen. Auch wenn es die dreizehnte ist.

Wie man sich mental vom Acker macht

Eine Anleitung zum Betreten von Neuland.

Es war einmal ein Bauer, der hatte einen Acker. Leider war der Boden nicht sehr fruchtbar, der Trecker war kaputt, und seit Monaten hatte es nicht mehr geregnet. Da kaufte sich der Bauer das Buch »Der kreative Bauer – Ackerwege zum Erfolg«. Weil sein Trecker kaputt war und nur noch sehr langsam fuhr, konnte der Bauer das Buch beim Treckerfahren lesen. Und so setzte er sich auf seinem Acker auf seinen Trecker – und fuhr los. Seite für Seite entdeckte er in dem Buch kreative Tipps und Tricks für seinen Ackerbau. Er war von dem Buch so gefesselt, dass er den ganzen Tag lang kein einziges Mal aufschaute. Erst am Abend brachte er den Trecker zum Stehen und legte das Buch aus der Hand. Um ihn herum aber war kein Acker mehr zu sehen. Er stand – und das wunderte ihn sehr – mitten auf einem belebten Rummelplatz vor einer Zuckerwattebude. Zuckerwatte hatte er schon als Kind gemocht. Und so wurde er Zuckerwatteverkäufer. Sein Buch »Der kreative Bauer« legte er für immer zur Seite. Es hatte nichts genützt, außer ihn weit über die Grenze seines Ackers fahren zu lassen.

Sind wir nicht alle ein bisschen Bauer? Wir alle haben einen Acker, und wir alle suchen Tipps und Tricks für unseren Ackerbau. Aber unser Acker hat Grenzen. Und was wir gern übersehen, ist die Tatsache, dass wir diese Grenzen in unendlich viele Richtungen überschreiten können – und dabei unendlich viele, unendlich unterschiedliche Orte und neue Möglichkeiten entdecken können.

Unser Wünschen und Träumen ist ein gutes Fortbewegungsmittel, schneller als jeder kaputte Trecker. Kennen Sie auch diese Menschen – meistens sind es Kinder –, die minutenlang versonnen irgendwo hinschauen und ganz in Gedanken sind? Die machen sich mental vom Acker, die träumen! Sie sehen einen Ort weit weg, sie sehnen sich nach diesem Ort und sammeln Energie für ihren Weg dorthin. Bitte nicht stören. Wenn jemand ganz in Gedanken versunken ist, ist das ein Zeichen höchster Konzentration – auf die Zukunft.

Ideen suchen heißt, sich vom Acker zu machen. Der Acker steht für alles, was wir schon kennen und wissen, was wir tagtäglich aus Gewohnheit tun. Eine Idee suchen heißt, einen Stein weit über die Grenze dieses Ackers zu werfen, dem Stein nachzugehen und sich das neue Fleckchen Erde aus der Nähe zu betrachten, dann den Stein aufzuheben und weiter zu werfen, immer weiter, bis er an einem Ort gelandet ist, der nur noch wenig mit dem alten, fruchtlosen Acker zu tun hat. Dafür umso mehr mit Zuckerwatte.

Der Ideenprofi geht dabei systematisch vor. Der nimmt sich ein Dutzend Steine, marschiert einmal an der Grenze seines Ackers entlang und wirft die Steine in komplett unterschiedliche Richtungen. Dann marschiert er alle Orte ab, an denen die Steine gelandet sind. Von einem Dutzend Steine sind vielleicht zwei bis drei an Orten gelandet, an denen es schon ein wenig nach Zuckerwatte duftet. Nur von hier aus wirft er die Steine weiter, bis er am Ziel ist. Niemand auf der Welt wird die Zuckerwatte mit einem einzigen Steinwurf treffen. Denn solange ich noch auf meinem alten Acker stehe, ist der Blick auf die Zuckerwatte versperrt. Viele Bauern wissen deshalb gar nicht, dass es Zuckerwatte überhaupt gibt. Oder haben vergessen, wie sehr sie Zuckerwatte als kleine Kinder einmal geliebt haben.

Und wenn Sie Ihren Acker überschreiten, und wenn sich Ihnen Menschen in den Weg stellen, und wenn der Weg voller Hindernisse ist, und wenn Ihnen Zweifel kommen, ob Ihnen Kartoffeln nicht doch lieber sind als Zuckerwatte: Nehmen Sie all dies als Beweis dafür, dass Sie auf dem richtigen Weg sind. Nehmen Sie das Einreißen alter Muster bewusst wahr – dann werden Sie Zeuge Ihrer eigenen Veränderung.

5. KAPITEL

Rückwärtssprechen macht Sinn

Über den Sinn im Unsinn

Dass sinnlose Dinge keinen Sinn machen,
ist ausgemachter Unsinn.

Ich liebe ihn sehr, diesen Moment, wenn ein Zuschauer nach einer Vorführung zu mir kommt und sagt: »Herr Wolff, das mit dem Rückwärtssprechen, das ist ja wirklich irre, aber macht das irgendeinen Sinn?« Am liebsten antworte ich dann: »Ja, genau den!« Dann ist kurz Ruhe. Und die Frage hängt so lange in der Luft, bis sie sich von selbst beantwortet hat: Sinn macht, wenn man danach fragt.

Macht es Sinn, unnützes Wissen zu wissen? Zum Beispiel, dass Angela Merkel in der Sauna saß, als die Mauer fiel? Dass es in Frankreich verboten ist, ein Schwein Napoleon zu nennen? Und dass Milch rosa wird, wenn Kühe zu viele Karotten essen? Das sind nur drei von »1374 skurrilen Fakten, die man nie mehr vergisst« aus dem Buch »NEON: Unnützes Wissen«, erschienen im Heyne Verlag. Der Nutzen dieses Buchs besteht darin, dass der Inhalt besonders unnütz ist. Kann es sein, dass wir solche Bücher kaufen, weil uns das gelernte Verständnis von nützlich und sinnvoll einfach keinen Spaß mehr macht?

Macht es Sinn, fünf Kilo Butter als Kunstwerk in die Ecke eines Raumes zu stellen, so wie einst Joseph Beuys? Für die Putzfrau in Raum 3 der Düsseldorfer Kunsthochschule machte es Sinn: Sie putzte die Butter weg, ohne zu wissen, dass sie damit zur Ikone der Sinnfrage wurde. Macht es Sinn, Laute von sich zu geben wie: »Fümms bö wö tää zää Uu, pögiff, kwii Ee«? Das ist nicht das Schnarchen eines auf dem Sofa eingeschlafenen Maurermeisters. Das ist die Einleitung zu Kurt Schwitters »Ursonate«, einer dadaistischen Sprechoper, erarbeitet zwischen 1923 und 1932. Was lange währt, wird endlich gut. Aber bitte: Falls die »Ursonate« in Ihren Ohren so klingt wie das Schnarchen eines auf dem Sofa eingeschlafenen Maurermeisters, dann haben Sie der Lautpoesie einen ganz eigenen Sinn verliehen, so wie die Putzfrau dem Butterberg von Beuys.

Macht es Sinn, hundert Metronome auf einem Tropenholztisch aufzustellen, aufzuziehen, gleichzeitig zu starten und ihrem Ticken in aller Andacht zu lauschen, so lange, bis auch das letzte Metronom wieder verstummt ist? In einem der besten Hotels Deutschlands habe ich im Sommer 2007 erlebt, wie etwa hundert der bestbezahlten Manager Deutschlands fast eine halbe Stunde lang hundert Metronomen zugehört haben. Und warum? Um Erkenntnisse über das Managen von Komplexität zu gewinnen. Man muss die Manager in Schutz nehmen, die hatten sich das nicht ausgedacht. Die hundert Metronome sind ein Stück Neuer Musik des Komponisten György Ligeti aus dem Jahr 1962. Unter dem Titel »Poème Symphonique« können Sie sich die sechsseitige Aufführungsanweisung für gut zehn Euro bei einem Musikverlag bestellen. Sie müssen dann noch in hundert Metronome investieren, und schon kann es losgehen. Aber schauen Sie vorher lieber erstmal bei YouTube, ob Ihnen die Sache wirklich zusagt. Für die hundert Manager jedenfalls machte die Aufführung Sinn. Man fragte sich gegenseitig: welchen? Und schon war man im Gespräch.

Die Frage nach Sinn und Bedeutung stellen wir uns gerade bei Kunstwerken besonders gern: Was will uns der Künstler damit sagen? Spannend ist aber auch, die Sinnfrage dort zu stellen, wo die Antworten auf den ersten Blick längst feststehen: Macht es Sinn, dass ein erwachsener Mann 258 Kilo Eisen in die Luft stemmt, obwohl es Gabelstapler gibt? Mit dem Foto seiner verunglückten Frau in der Hand nahm Matthias Steiner 2008 olympisches Gold entgegen. Und eine ganze Nation hatte Tränen der Rührung in den Augen. Gewichte in die Luft stemmen ist eigentlich ziemlich unsinnig. Das macht nur deshalb Sinn, weil so einer wie Matthias Steiner der Sache Sinn verleiht, viel Sinn. Jetzt stellen Sie sich mal vor, es gäbe keine Olympiade, Gewichtheben wäre keine Sportart, und Sie hätten noch nie im Leben eine Hantel mit Scheibengewichten gesehen. Wie sinnlos würde es Ihnen erscheinen, dass sich starke Männer damit quälen, schweres Eisen in die Luft zu heben, um es Sekunden später wieder auf den Boden zu donnern? Wenn das ein Umzugspacker mit den Kartons seiner Kunden macht, gibt es richtig Ärger.

Sinn entsteht nur dadurch, dass wir einer Sache Sinn verleihen. Dabei gibt es zwei Möglichkeiten: Entweder hat uns diese Arbeit schon jemand abgenommen – und das Stemmen von Eisen zur olympischen Disziplin erklärt, ohne dass wir gefragt wurden. Oder wir müssen uns selbst die Arbeit machen und über Sinn und Unsinn in der Welt nachdenken. Denken hilft. Aber ich muss Sie warnen: Es kann passieren, dass Sie Sinn in einer Sache entdecken, die niemand außer Ihnen sinnvoll findet. Wenn es für Sie Sinn macht, Gartenzwergen mit Tipp-Ex die Fingernägel zu lackieren oder bei Flut nach Wattwürmern zu tauchen oder ihr Leben lang in roten Turnschuhen rumzulaufen: Meinen Segen haben Sie. Und wenn Sie jemand fragt: »Macht das irgendeinen Sinn?«, dann antworten Sie einfach: »Ja, genau den!«

Das Ortsschild von Stockelsdorf

Nur um kurz die Frage zu beantworten:
»Wie kommt man denn auf Rückwärtssprechen?«

Wie immer kurz vor 14.00 Uhr rollte mein Schulbus durch die Fackenburger Allee von Lübeck nach Stockelsdorf. Im Bus wurden Klebebilder der Fußball-WM 1974 getauscht. Beckenbauer und Breitner standen hoch im Kurs, und die Mädels lasen Hanni und Nanni. Vor dem Bus wollten zwei Autos nach links auf die Aral-Tankstelle abbiegen, die mehr Umsatz mit Schlagzeilen zur Watergate-Affäre machte als mit dem Verkauf von Benzin. Erstaunlich, dass der Schulbus so kurz nach der Ölkrise überhaupt schon wieder fuhr. Durch die Abbieger jedenfalls kam der Bus ziemlich genau am Ortsschild von Stockelsdorf zum Stehen. Und weil ich kein Fußball-Sammelalbum besaß und Hanni und Nanni schon durch hatte, schaute ich einfach aus dem Fenster und träumte. Das gelbe Ortsschild mit den großen schwarzen Buchstaben schob sich vor meine Nasenspitze. Und weil ich das Schild von links nach rechts schon kannte, fing ich an, von rechts nach links zu lesen. Buchstabe für Buchstabe: F, R, O, D, S, L, E, K, C, O, T, S. Aus Stockelsdorf wurde – rückwärtsgelesen – Frodslekcots. Diese Tatsache veränderte mein Leben ungefähr so dramatisch wie Watergate das Leben von Richard Nixon.

Frodslekcots, das klang einfach wunderbar, das klang wie eine ordinäre Übersetzung von Räuber Hotzenplotz ins Französische. Was für ein prächtiges Wort! An diesem Tag verwandelte sich das behütete Stockelsdorf meiner Kindheit in eine bizarre Welt der Wortspielerei. Die Rückseite der Cornflakes-Packung, Werbeplakate im Schaufenster, die Hanni-und-Nanni-Bücher meiner Schwestern: Alles wurde rückwärtsgelesen, und überall tauchten neue Bedeutungen auf. Aus Marlboro wurde »Oroblram«, und aus »Kaffee« wurde »Eeffak«. Zum Trainieren meiner neuen Sprache schrieb ich Wörter und Sätze wie »Guten Tag« und »Ich will Brausepulver« mit einem Kreidestein auf den Asphalt. Das war zu einer Zeit, als Kinder noch mit Kreidesteinen auf den Asphalt malen konnten, ohne in Lebensgefahr zu geraten. Jedenfalls stand ich in der Dürerstraße, starrte auf den Boden und sagte »Revlupesuarb lliw hci« und »Gat netug«. Die Nachbarn waren irritiert, aber mein Wortschatz wuchs und wuchs. Man muss Prioritäten setzen. Nach einer Weile fing ich an, mir die Wörter und Sätze nur noch geschrieben vorzustellen, geschrieben mit einem mentalen Kreidestein auf imaginärem Asphalt. So konnte ich meine Vokabeln im Geiste übersetzen. Und so mit acht oder neun Jahren beschloss ich, nur noch rückwärtszusprechen, kein Wort mehr vorwärts. Als meine Eltern das merkten, war es bereits zu spät ...

Ein schwarzer Tag in meinem Leben war der Tag, an dem ich zum ersten Mal ein Tonstudio betrat. Das war Ende der 80er-Jahre im Rahmen meiner Ausbildung in der Werbung. Da gab es noch keinen Windows Audio Recorder, der Sprache mal eben digital umdrehen konnte. Da musste das Band noch von Hand gewendet werden. Ich hatte ein paar Sätze rückwärts aufs Band gesprochen und war wahnsinnig neugierig, wie das andersrum klingen würde. Der Tonmeister wendete das Band. Und? Katastrophe! Kein Wort zu verstehen. Nicht mal Otto klang andersrum wie Otto. Ich hatte völlig unterschätzt, wie wenig das gesprochene Wort mit dem geschriebenen Wort zu tun hat. In Otto zum Beispiel stecken ein langes und ein kurzes »O«. Und das »T« ist ein sehr komplizierter, explosiver Laut. Sprechen Sie diesen Laut mal laut. Bitte wirklich mal machen. Da pressen Sie die Zunge vorne zwischen die Zahnleisten, erzeugen einen wahnsinnigen Druck, öffnen auf Schlag den Mund, ziehen die Zunge zurück, und das »T« knallt nach vorne raus. Rückwärts vom Band abgespielt klingt das nicht die Bohne wie ein »T«. Wie gesagt, es war kein schöner Tag im Studio. Aber ich ging gestärkt aus der Krise. Ich dachte mir: jetzt erst recht. Dann lernst du eben all diese absurden Laute. Dann schließt du dich eben ein paar Jahre mit einem Tonband ins stille Kämmerlein ein, und zwar so lange, bis Otto auch andersrum wie Otto klingt. Ich habe das wirklich gemacht. Und es hat sich gelohnt.

1992 erhielt ich einen Brief von Frau Grell vom Hansa-Theater in Hamburg. Frau Grell war eine Instanz. Sie war Direktorin des legendären Theaters auf dem Steindamm, einem Familienunternehmen mit inzwischen über hundertjähriger Tradition. Der Brief war eine Einladung für ein Engagement als »Rückwärtssprecher«. Allein über diesen Monat könnte man ein Buch schreiben. Im bunten Reigen mit dressierten Wellensittichen, Duetten auf der E-Mundharmonika und Biegedamen aus Fernost schob ich mein Tonband täglich zweimal auf die Bühne – und sprach rückwärts. Ich möchte die Zeit nicht missen. Rückwärtssprecher im Hansa-Theater: Man muss das mal gemacht haben. Von der Gage kaufte ich mir einen Videorekorder, und zwar einen ganz speziellen, einen, der auch das Bild rückwärts abspielen konnte. Mit dem ging das Ideensuchen erst richtig los: eine Zeitung zerreißen, Orangensaft trinken, Luftballons platzen lassen, Seifenblasen machen. Was ergibt einen lustigen Effekt, wenn der Film andersrum läuft?
Das Rennen machte: rückwärts »Heidi« singen und auf Kuhglocken dazu spielen. Also übte ich wochenlang, rückwärts »Heidi« zu singen und auf Kuhglocken dazu zu spielen. Kuhglocken sind laut. Die Nachbarn waren sauer. Aber man muss Prioritäten setzen. 1996 hatte die Nummer in der RTL-TV-Show »Die Glücksritter« mit Ulla Kock am Brink Premiere.

Na ja, und seitdem habe ich im Fernsehen alles Mögliche rückwärts gemacht: Bananen verschlungen, also wieder entstehen lassen; Krawatten abgenommen, also gebunden; Adventskränze ausgepustet, also angeblasen; Spiegeleier gebraten, also aus der Pfanne hüpfen lassen. Und immer wieder haben sich die kreativen Regisseure auch für den Hintergrund Effekte ausgedacht: Schnee rieselt, steigt also flatternd vom Boden wieder in die Luft. Kühe galoppieren durchs Bild, hoppeln also rückwärts. TV-Moderatoren rutschen eine Rutsche runter, also rauf. Da sind der Fantasie keine Grenzen gesetzt. Thomas Gottschalk hat einen Hund mit Würstchen gefüttert, während ich »New York, New York« rückwärtsgesungen habe. Dada ist noch längst nicht vorbei. Die größte Herausforderung allerdings war ein Auftritt im portugiesischen Fernsehen im Jahr 2001 in der Sendung »Loís de Matos ao vivo«. Ich war ein wenig leichtsinnig und hatte versprochen, dass ich auch Portugiesisch rückwärtssprechen kann. Und schon war ich eingeladen. Mir blieb dann nichts anderes übrig, als mit einem Sprachtrainer Laut für Laut meines Textes portugiesisch rückwärts zu erarbeiten. Als die Nummer über die Bühne war, gab es eine Menge Portwein. Vorwärts.

Das Alphabet von Z bis A

Schneller als gedacht haben Sie es drauf:
das komplette Alphabet rückwärts.

Ein kleiner Test zwischendurch: Bitte mal konzentrieren und das Alphabet von Z bis A rückwärts aufsagen. Wie lange brauchen Sie? Legen Sie das Buch ruhig mal kurz aus der Hand! Ist es nicht erstaunlich, dass wir die 26 Buchstaben in wenigen Sekunden vorwärts abspulen, aber ewig brauchen, um die Richtung zu wechseln? Falls Sie es ausprobiert haben: Wahrscheinlich haben Sie sich das Alphabet vorwärts aufgesagt, sich dabei überschaubare Sequenzen von jeweils ein paar Buchstaben ins Kurzzeitgedächtnis geholt und diese Buchstaben dann rückwärts abgerufen. Rückwärtsdenken ist ein bisschen wie rückwärts Auto fahren: ungewohnt.

Das Alphabet pauken wir in unserer Kindheit als Folge abstrakter Symbole. Durch ständige Wiederholung konditionieren wir unser Hirn so, dass beim Sprechen des Alphabets jeder Laut automatisch den nächsten abruft, wie in einer Kettenreaktion. Aber Kettenreaktionen laufen blöderweise nur in eine Richtung automatisch ab. Das hat die Natur so eingerichtet. Versuchen Sie mal, eine Reihe Dominosteine dazu zu bewegen, sich automatisch wieder aufzustellen. Keine Chance. Entsprechend verblüffend ist es, wenn jemand das Alphabet tatsächlich rückwärts aufsagen kann. Zum Beispiel Sie. Ich habe eine Geschichte für Sie erfunden, in der die Buchstaben des Alphabets von Z bis A enthalten sind. Wenn Sie diese Geschichte draufhaben, dann haben Sie das Alphabet rückwärts drauf. Merken lässt sich die Geschichte ganz leicht, denn sie ist nach allen Regeln der Gedächtniskunst verfasst. Also, Kopf auf, und bitte mal in lebendigen Bildern mitdenken:

ZYX. Nach diesen drei Buchstaben startet die Story. Stellen Sie sich vor, Sie fahren rückwärts in einem Volkswagen. VW umgedreht: Das ergibt WV. Neben Ihnen auf dem Beifahrersitz sitzt Ute: klingt wie U und T. Hinter Ihnen sitzen Siegfried und Roy: abgekürzt S und R. Die beiden überreichen Ihnen einen Coupon, und Coupon klingt wie: Q, P, O und N. Den Coupon tauschen Sie ein in eine Tafel Milka: Milka steht für die Konsonanten M, L, K. Die schmeckt so lecker, die Milka, dass Sie vor Begeisterung rufen »Jesus im Himmel«: Anfangsbuchstaben J, I, H. Und von oben kommt prompt die Antwort: »Gott fährt einen Diesel«: Anfangsbuchstaben: G, F, E, D. Dann hängen Sie einfach noch ran: C, B, A – und schon haben Sie das komplette Alphabet rückwärts im Kopf. Probieren Sie es gleich mal aus. Los geht es mit – Z, Y, X. Sie fahren rückwärts in einem – W, V. Und neben Ihnen sitzt – U, T. Hinter Ihnen sitzen – S, R. Die überreichen Ihnen einen – Q, P, O, N. Den Coupon tauschen Sie ein in eine Tafel – M, L, K. Die schmeckt so lecker, dass Sie vor Begeisterung rufen – J, I, H. Und von oben kommt prompt die Antwort – G, F, E, D. Jetzt noch dranhängen – C, B,

A. Und Sie haben die erste Lektion im Rückwärtssprechen erfolgreich bestanden. Hier noch einmal in der Übersicht:

Merkhilfe fürs Alphabet rückwärts

Das Alphabet von hinten:	ZYX
Sie fahren rückwärts VW:	WV
Auf dem Beifahrersitz sitzt Ute:	UT
Hinter Ihnen sitzen Siegfried & Roy:	SR
Die überreichen Ihnen einen Coupon:	QPON
Den tauschen Sie in eine Tafel Milka:	MLK
Begeistert rufen Sie »Jesus im Himmel«:	JIH
Zurück kommt »Gott fährt einen Diesel«:	GFED
Und dann hängen Sie noch dran:	CBA

Muse her da, dreh es um

Die Geschichte einer Urlaubsreise,
die vorwärts und rückwärts zugleich verlief.

Von allen Wortspielereien mag ich die Palindrome ganz besonders. Palindrome sind Wörter oder Sätze, bei denen die Buchstaben vorwärts und rückwärts dieselbe Reihenfolge aufweisen. OTTO oder ANNA sind Palindrome für Einsteiger. RELIEFPFEILER gehört zu den Klassikern. OH CELLO VOLL ECHO ist was für Schöngeister, genau wie NEBEL SEI DIES LEBEN. Und mit IF I HAD A HIFI können Sie im Ausland glänzen. EIN NEGER MIT GAZELLE ZAGT IM REGEN NIE ist eines der bekannteren Palindrome, aber politisch völlig unkorrekt – bitte schnell mental stornieren. Für mich als Rückwärtssprecher sind Palindrome natürlich ein Geschenk des Himmels: Ich kann mich rückwärts äußern, und werde trotzdem vorwärts verstanden. In einem Urlaub habe ich mal versucht, mich nur in Palindromen zu verständigen und nur Wörter und Sätze zu benutzen, die vorwärts wie rückwärts funktionieren. Und tatsächlich: Ich habe in jeder Situation das passende Wort oder den passenden Satz gefunden. Was ich in diesem Urlaub alles erlebt habe, davon berichtet die folgende Geschichte:

Schon bevor die Reise losging, fragt mich meine Frau Tina: »Sag mal, wo sind denn eigentlich die Koffer?« Da konnte ich antworten mit: »LAGERREGAL.« Fragt sie weiter: »Und soll ich ein bisschen was einpacken für unterwegs? Ein bisschen Proviant?« Sag ich: »MAOAM.« Wir sind dann aufgebrochen nach Rügen und haben ein Zimmer gefunden in einer kleinen Pension. Ein guter Ort, um ihr ins Ohr zu flüstern: »NIE SOLO SEIN.« Da sagt sie: »Ich gehe jetzt Bogenschießen, was machst du?« Spontane Antwort: »NETTE REHE RETTEN.« Statt Rehe zu retten, habe ich am Strand allerdings nur einen frechen Jungen getroffen. Dem musste ich erstmal Manieren beibringen: »SEI LIEB, NEBENBEI LIES.« Das hat der nicht kapiert, und ich musste deutlicher werden: »LESEN ESEL.« Da ist der ins Wasser gelaufen, und als er wieder rauskam, hatte er eine dicke fette Feuerqualle an der Wange hängen. Mein Kommentar: »EINE SO KESSE KOSE NIE!« Nach einem aufregenden ersten Tag sitzen wir abends im Restaurant. Uns gegenüber hockt so ein Typ, der kein einziges Wort gesagt. Charmant habe ich den Smalltalk eröffnet mit: »PLAUDERE DU ALP.« Vor Schreck ist dem die Riesengarnele aus der Hand gefallen. Sag ich: »EIN SEETIER ISS, OH OSSI, REITE ES NIE.« Da wusste der Bescheid. Später am Abend sind meine Frau und ich am Strand spazieren gegangen. Der feine Sand hat mich inspiriert. Und ich habe ihr ins Ohr gesäuselt: »SEI FEIN NIE MIES, SEI MEIN, NIE FIES.« Da sagt sie: »Bernhard, soll ich mal ganz ehrlich sein?« Und ich: »EINE GÜLDNE GUTE TUGEND, LÜGE NIE.« – »Bernhard, du redest nur Müll.« – »UND NU«?

Wir waren übrigens wirklich mal auf der Insel Rügen in Urlaub. Allerdings gibt es da keine Feuerquallen, und auch der freche Junge ist frei erfunden. Die Geschichte ist für meine Show entstanden, weil ich die absurden Bedeutungen verschiedenster Palindrome in einen Zusammenhang bringen wollte. Wenn Sie Lust haben, ebenfalls eine Geschichte aus Palindromen zu erfinden, hier ist eine kleine feine Auswahl:

Aua
Amok, Oma
Bei Hexe: Hieb!
Die Liebe fleht: Helfe bei Leid!
Dreh Magiezettel um, Amulette zeig am Herd!
Egale Lage
Ein Gnu zieht Heizung nie.
Erika feuert nur untreue Fakire.
Grasmitte, da kniet ein Kadett im Sarg.
Lagertonnennotregal.
Na, Freibierfan!
Nie leg Raps neben Spargel ein.
O du relativ reger vitaler Udo.
Risotto, Sir?
Sammelidee: Dilemmas
Tarne nie deinen Rat.
Tunk nie ein Knie ein Knut.
Vitaler Nebel mit Sinn ist im Leben relativ.

Geheime Botschaften und warum wir sie hören

*Über unser Bedürfnis, die Welt zu erklären,
und wie unser Gehirn dabei übers Ziel hinausschießt.*

Zugegeben: Ich bin ein bisschen ängstlich. Als ich an einem Abend im Herbst 2007 die Kellertür meines Requisitenlagers aufschloss, hörte ich ein ziemlich schreckliches Geräusch. So eine Mischung aus Röcheln und Winseln. Grund genug, die Tür fest im Griff zu behalten und sie nicht gleich ganz aufzustoßen. Durch einen schmalen Spalt, der höchstens einer kleinen Maus erlaubt hätte, aus dem Kellerraum zu entkommen, horchten meine Frau Tina und ich in den Keller hinein. Das Röcheln und Winseln trieb uns den Angstschweiß auf die Stirn. Welche Art Tier oder Monster war das?
Die Bestie musste über den Hof durch ein offenes Fenster in den Keller gelangt sein. Jetzt hatte sie wahrscheinlich zwischen den vielen Kartons und Kisten Lager bezogen. Und röchelte und winselte. Vielleicht verletzt? Bereit uns anzufallen und zu zerfleischen? Wir hatten keine Lust, das selbst herauszufinden. Im Telefonbuch überzeugte uns die fettgedruckte Anzeige des »Kill Teams«. Die Kammerjäger boten an, in zwanzig Minuten bei uns zu sein, wegen der späten Stunde allerdings zu einem Preis im dreistelligen Bereich, scharfer Hund inklusive. Wir hatten keine Alternative. Der Kammerjäger fuhr in einem Opel-Kombi vor: für ein Mitglied eines »Kill Teams« ein recht harmloses Firmenfahrzeug. Der scharfe Pudel blieb zunächst im Auto. Statt mit einer Flinte war der Kammerjäger mit einer langen Stange und mit einer Taschenlampe bewaffnet. Wir schlossen ihm die Kellertür auf. Es röchelte und winselte noch immer. Todesmutig betrat der Jäger den Lagerkeller. Der Lichtkegel seiner Taschenlampe wanderte an der Wand entlang, streifte Kartons und Kisten, fiel durch eine offene Tür auf das selten be-

nutzte Klo, glitt das Wasserrohr entlang nach oben und blieb wie ein Spotlight auf dem Spülkasten stehen. »Da ist Ihr Monster, eine defekte Klospülung!« Und genau ab diesem Moment klang das Röcheln und Winseln auch in meinen Ohren – wie eine defekte Klospülung. Der Kammerjäger – und das zeichnet einen Kammerjäger ja schließlich aus – kannte keine Gnade. Er stellte die Rechnung in voller Höhe. Teures Lehrgeld. Und das mir, der ich mich intensiv mit auditiver Wahrnehmung und Mustererkennung beschäftigt hatte.

In ein Klo fiel im Jahr 1983 auch der Walkman des australischen Elektrikers John David Oates. Nach dem Reparieren spielte der Walkman die Kassetten rückwärts. Das hätte Oates sicherlich sehr geärgert, hätte er nicht etwa zur gleichen Zeit von satanischen Rückwärtsbotschaften in der Rockmusik gehört. Mit seinem trockengelegten Walkman konnte sich Oates an die Erforschung dieses Phänomens machen, das sich seit Ende der sechziger Jahre zu einem röchelnden Kellermonster der Rockmusik entwickelt hatte.

Was hat es mit den geheimnisvollen Rückwärtsbotschaften auf sich? Was sind das für Botschaften, die dazu führten, dass 1982 in den USA ein Gesetzentwurf diskutiert wurde, der vorsah, verdächtige Schallplatten mit einem Warnhinweis zu versehen. Stellen Sie sich Schallplatten vor mit dem Hinweis: »Könnte satanische Botschaften enthalten.« (Für jüngere Leser: Schallplatten sind analoge Tonträger aus dem letzten Jahrtausend.) Solche Botschaften lauten dann »I live for Satan« oder »My sweet Satan«. Und man kann diese Botschaften tatsächlich hören, wenn man einen Titel wie »Stairway to Heaven« von Led Zeppelin rückwärts abspielt. Aber man kann eine kaputte Klospülung auch für eine röchelnde Ratte halten. Bei Rückwärtsbotschaften gehen besorgte Menschen davon aus, dass die Botschaften auch beim Vorwärtshören der Musik wahrgenommen und verarbeitet werden, ganz unbewusst, subliminal. Bei intensivem Genuss von Rockmusik würde sich also der Satan selbst in die Gemüter der jungen Menschen rocken, ohne dass sie es bemerken. Gefährlich, gefährlich.

Diese Vermutung fiel besonders in den USA auf fruchtbaren Boden. Denn bereits Ende der fünfziger Jahre erregte dort die sogenannte »Iss-Popcorn-trink-Cola-Studie« die Gemüter. Der Werbefachmann James Vicary hatte die Besucher eines Kinos durch unterschwellige Werbung dazu gebracht, 58 Prozent mehr Popcorn zu futtern und 18 Prozent mehr Cola zu trinken. Die Einblendungen entsprechender Werbebotschaften waren so kurz, dass diese nicht bewusst wahrgenommen wurden – aber trotzdem wirkten. Das jedenfalls behauptete Vicary. Später entpuppte sich die ganze Geschichte als Zeitungsente und Werbegag. Und auch in seriösen Experimenten konnte eine solche Wirkung nie nachgewiesen werden. Die Angst aber vor unterschwelligen, geheimen Botschaften hatte sich in den Köpfen der Menschen festgesetzt. Die Rockmusik spielte damit, und zwar virtuos. Texte wurden so verfasst und Stücke so gemischt, dass die vermeintlich satanischen Botschaften immer wieder auftauchten, als sogenanntes Backwards Masking. Das röchelnde Kellermonster der Rockmusik wurde am Leben erhalten, um Angst und Schrecken zu verbreiten. Fürs Marketing ein gefundenes Fressen. Und für David Oates die Aufgabe seines Lebens.

Oates gab 1987 seinen Job auf und wurde professioneller Rückwärtssprachforscher. Allerdings bestätigt Oates nicht, dass geheime Botschaften Zufall sind oder mit Absicht konstruiert werden. Im Gegenteil. Oates entwickelte eine ganz eigene und derart unglaubliche Theorie, dass ich Ihnen kurz davon berichten muss: Oates geht davon aus, dass wir Menschen gleichzeitig vorwärts- und rückwärtskommunizieren. Vorwärts und bewusst kommunizieren wir nur zur Hälfte. Rückwärts und unbewusst kommunizieren wir zur anderen Hälfte: nämlich das, was wir wirklich denken und fühlen und uns vorwärts nicht zu sagen trauen. Wenn wir also eine Sprachaufzeichnung rückwärts anhören, offenbaren sich geheime Gedanken. Von dieser Idee besessen hörte Oates sich jahrelang Sprachaufzeichnungen rückwärts an. Und er fand viele geheime Gedanken und Botschaften. Zum Beispiel: Neil Armstrongs berühmte Worte »That's one small step for (a) man« klingen rückwärts wie »Man will space walk«, also wie eine Vision, die dem Astronauten durch den Kopf gegangen sein könnte. Allerdings erklingen auch in der Titelmusik der TV-Zeichentrickserie Spongebob diverse Botschaften, zum Beispiel »Snow froze Bob, yes«. Und mit Hilfe einer Studentengruppe habe ich mal eine Neujahrsansprache von Helmut Kohl analysiert. Auch darin steckten Botschaften wie »Da war ein Feudel«, auf Hochdeutsch heißt das »Da war ein Scheuerlappen«. Was verrät uns das über Spongebob oder Helmut Kohl? Wenig! Zumindest bei einem der beiden bin ich mir sicher.

Vor ein paar Jahren habe ich mal mit David Oates telefoniert. Er hatte davon gehört, dass ich rückwärtsspreche und hielt mich für eine Art Medium. Meine Güte, war der ehrfürchtig. Ich halte Oates für jemanden, der geheime Botschaften hört, weil er sie hören will. Und da ist er nicht der Einzige. Unser Bedürfnis, die Psyche des Menschen zu verstehen, einen Schlüssel zum Unterbewusstsein zu finden, einen Blick in die Zukunft zu werfen oder Gedanken zu lesen, ist verdammt groß. So groß, dass wir – oder manche von uns – geheime Botschaften halluzinieren. Nicht nur in Rockmusiktexten, sondern auch in gelegten Karten, im Kaffeesatz oder im Umkreis von Kornfeldern. Unser Gehirn hat eine Fähigkeit, die diesem Bedürfnis sehr entgegenkommt. Wir können Bedeutung konstruieren. Wir können in einer Wolke am Himmel einen Teddybären entdecken. Wir können in Uri Geller einen Propheten sehen. Wir können eine defekte Klospülung für eine röchelnde Ratte halten. Und wir können aus rückwärtsgesprochenem Kauderwelsch Wörter und Sätze heraushören – zumindest wenn wir viel Fantasie und ein paar Stunden Zeit haben. Geheime Botschaften sind das deshalb noch lange nicht. Es entspricht lediglich einer sehr praktischen Arbeitsweise unseres Gehirns, nach Mustern zu suchen, und auch aus kaputten Mustern heile Bedeutungen herzustellen. Unser Gehirn ist ein Meister im Reparieren. Nur deshalb können wir mit dem Handy telefonieren, auch wenn im ICE der Empfang mal wieder so schlecht ist, dass wir nur Bruchstücke verstehen. Oder den Sinn von geschriebenen Wörtern begreifen, selbst wenn die Buchstaben ein bishcsen druhcienadner snid.

Das ganze Leben rückwärts

*Zum Schluss ein Gedankenspiel, das uns
wieder ganz an den Anfang führt.*

Man kann sich die Frage stellen: Wie komme ich im Leben vorwärts? Man kann sich aber auch überlegen: Wie wäre ein Leben rückwärts? Stellen Sie sich das mal vor. Sie beginnen das Buch am Ende und lesen es bis zum Vorwort, geben es zurück und überlegen sich dann, ob Sie es kaufen sollen. Der Alltag, voller Überraschungen. Sie wachen auf, und es ist gestern Abend. Der Fernseher läuft noch. Die Tagesschau beginnt pünktlich um Viertel nach acht mit dem Wetter. Sie notieren sich die Lottozahlen, und am nächsten Tag geben Sie den Schein mit den sechs Richtigen ab.

Von einem Tag auf den anderen stellt Ihr Arbeitgeber neue Leute ein. Die Unternehmen in Deutschland verzeichnen einen dramatischen Anstieg der Umsätze, und die Menschen holen ihre Lehman-Zertifikate wieder aus der Mülltonne. Es geht bergauf. Seit Jahren können Sie sich zum ersten Mal einen Urlaub leisten. Ihren neuen Kleinwagen verschenken Sie an den Staat. Und zu Guttenberg übergibt sein Amt an Glos, der wieder anfängt, sich die Haare zu färben.

Das ganze Leben rückwärts, wie schön wäre das für die Familie und für unseren privaten Frieden: Erwachsene Kinder stehen vor der Tür und ziehen wieder zu Hause ein. Paare leben jahrelang zusammen, und auf einmal beginnen sie, sich wieder zu lieben. Frauen bringen neu gekaufte Schuhe zurück ins Geschäft, freiwillig. Männer parken vorwärts ein. Twix heißt wieder Raider. Und man würde sich kratzen, bevor es juckt.

Eines Tages plötzlich ist unser letzter Arbeitstag. Danach allerdings geht es nicht in Rente, sondern in die Schule. Dort vergessen wir Jahr für Jahr, was wir Überflüssiges gelernt haben, geben schlechte Noten dem Lehrer zurück und rauchen heimlich auf dem Schulklo die letzte Zigarette. Dem großen Einmaleins folgt das kleine, unsere Schönschrift wird immer krakeliger, und wir steigen um von Lego auf Duplo. Die Jahre, die uns noch bleiben, verbringen wir in Ekstase: Wir terrorisieren Eltern und Nachbarn, machen in die Windeln und sabbern uns voll. Babys werden wieder wie alte Menschen. Aber das Leben rückwärts hat ein schönes Ende: eine rauschende Liebesnacht.

ANHANG

Das Lexikon der Assoziationen

1000 Merkbilder und Assoziationen zu allen möglichen Nachnamen. Ist Ihrer auch dabei?

A

Abbattista	Abba ist da
Abraham	Biblischer Vorname
Abromeit	Ab Rom meidet er
Abt	Abt
Adam	Adam und Eva
Adamzik	Zicke von Adam
Aeschlimann	Unter der Esche links ein Mann
Ahlmeier	Aal mit Eiern
Ahmels	E-Mails
Ahrens	Ahrensburg
Albers	Hans Albers
Alberts	Etwas von Prinz Albert
Alboth	Alle Mann ins Boot!
Allgeier	Durchs All fliegt ein Geier
Almodt	Alle Motten
Alt	Ist alt
Altfeld	Altes Feld
Altmann	Alter Mann
Amann	Alle Mann
Ambrosat	Am Brot satt essen
Anders	Andersrum
Anhalt	Sachsen-Anhalt
Apelt	Der Aal pellt
Arand	Am Rand
Arendt	Ein Rentner

Arle	Aale
Armbruster	Trägt eine Armbrust
Armgart	Unter dem Arm Gard Haarspray
Arnecke	An der Ecke
Arnold	Arnold Schwarzenegger
Aschenbrenner	Taschenbrenner
Assel	Kellerassel
Aßmann	Damals aß man ...
Assmuss	Aß Mus
Ast	Am Ast hängen
Augustin	Augustin

B

Baake	Bar im Keller
Baaske	Basketball
Bachert	Bach, der auf der Erde fließt
Bacigalupo	Italienisch für Küsse galoppieren
Backes	Back es!
Bahr	Kauft ein bei Max Bahr
Bajerken	Eine Bar, die jeder kennt
Bakos	Backobst
Balaguer	Im Ballern gut
Balima	Bar in Lima
Barnieck	An der Bar, nie an der Ecke
Bartels	Bart aus Fels
Barth	Mario Barth
Barwinsky	An der Bar gewinnt man Skier
Baschista	Ein Barsch ist da
Basler	Basel
Bätge	Beten gehen
Baumeister	Bob, der Baumeister
Becher	Becher Wein
Bechlenberg	Bächlein längs am Berg
Beck	Kurt Beck
Beckmann	Reinhold Beckmann

Bedzoro	Im Bett liegt Zorro
Behr	Bär
Beljan	Bellt seit Jahren
Belle	Bälle
Bencker	Die Banker
Bendorf	Dorf von Ben Hur
Benedict	Papst Benedict XVI.
Benkö-Terpotiz	Ben schreibt König mit Terpentin eine Notiz
Bensegger	Im Benz über Äcker
Bentz	Benz
Berger	Aus den Bergen
Bergfried	Friedlicher Berg
Berndt	Bernd, das Brot
Bernecker	Äcker von Bern
Bertram	Bär fährt Tram
Beucher	Bäuche
Beus	Joseph Beuys
Beyer	Bayer
Bezeryan	Fährt Benziner seit Jahren
Biancorosso	Martini bianco und Martini rosso
Bichler	Becher
Bienert	Biene sitzt auf der Erde
Bierstempel	Bierstempel
Bierwirth	Von Beruf Bierwirt
Bilau	»Bin laufen!«
Binninger	Binde um den Finger
Bischoff	Bischof
Blasczyk	Blass ist schick
Bleeker	Bläst die Kerze aus
Blench	Blende ich
Blocksiepen	Block sieben
Blödorn	Blöder Dorn!
Blonzen	Blondinen im Zentrum
Bloom	Blumen

Das Lexikon der Assoziationen

Bodnar	Dem Boden nah
Boermanns	Börse des Mannes
Boginski	Durch den Bogen in Skiern
Bohlmann	Bowle für den Mann
Boldt	Kobolt
Bonneschranz	Bonner Schrank
Borg	Björn Borg
Bork	Borkenkäfer
Bormann	Tormann
Borrass	Boris verwandelt ein Ass
Bösing	Böse singen
Bostelmann	Mein Boss, der Telefonmann
Brandt	Brand
Bräuer	Brauer
Breidenbroich	Ist in diesen Breiten Brauch
Breitung	Breite Zeitung
Bremer	Ein Bremer
Brendler	Brennt leer
Breuer	Teuer
Brillert	Brille
Brink	Bernhard Brink
Broers	Braune Börse
Brümmer	Brummbär
Brun	Brunnen
Brunckhorst	Betrunkener Horst
Buchholz	Horst Buchholz
Buck	Buckel
Budde	Buddelt, gräbt
Bühler	Kühler
Bungenstab	Bunter Stab
Burian	Ein Bub rief an
Burow	Büro
Büscher	Steigerung von Busch, viele Büsche
Busenkel	Bunter Schnürsenkel

	Buss	Bus
	Butzin	In eine Butze ziehen
C	Calandra Checco	Kalender checken
	Cantone	Kanton in der Schweiz
	Capogrosso	Große Kappen
	Carpenter	Im Chor pennt er
	Carstens	Kasten
	Cassel	Kassel
	Ciaglia	Ziehe nach Italia
	Cichon	Ching Chang Chong
	Ciesielski	Zieh sieben Elefanten auf Ski
	Claasen	Klar sehen
	Collatz	Kollege in Latzhosen
	Collisi	Kollision
	Cordts	Cord
	Costantini	Sende Kost an Tini
	Cruse-Samse	Robinson Crusoes Freund Samstag
	Czekalla	Scheck für Calamaris
	Czuday	Schuhe? Deine!
	Czudnochowski	Shooting noch auf Skiern
	Czupalla	Schuh voller Palatschinken
D	Daenert	Dem Dänen wert
	Dahlen	Dahlien
	Dahms	Damals
	Damerau	Dame ist rau
	Damm	Damm
	Dankert	Danke der Erde
	Daxberger	Dax geht bergauf
	Dazert	Gasherd
	De Campos	Auf dem Campus
	De Flavis	Die Flasche Whiskey
	Dehn	Dehnen

Deigner	Dein eigener
Denekas	Das Nähkästchen
Denzer	Tänzer
Derstroff	Der ist schroff
Dettlaff	Dad ist schlaff
Dettmann	Ditt is'n Mann
Dettmer	Dad lebt am Meer
Dibbern	Bibbern
Dickschen	Dickschädelchen
Diebowski	Dieb auf Skiern
Diekmann	Die kann man
Dietrich	Der Dietrich zum Einbrechen
Dill	Dill, Gewürz
D'Ippolito	Die Politologen
Dirsuweit	Ist das dir zu weit?
Dittmeier	Dittmeyers Valensina
Dobersch	Dose Barsch
Dobritzsch	Doppelkopf und Bridge
Döding	Dolles Ding
Dohn	Sohn
Dominguez	Dominosteine gegessen
Dorn	Dorne
Dörnemann	Mann mit Dörrobst
Dornhoff	Dornröschen wacht hoffentlich auf
Dransmann	Dran am Mann
Drehlich	Drehe Licht an
Dresenkamp	Auf dem Tresen campieren
Drüppel	Drücke den Knüppel
Dugan	Hast du Garn?
Dürbaum	Dürrer Baum
Durmus	Dur-Musik

E

Ebe	Ebenholz
Eberle	Eberleber

Eberlein-Kemper	Kleiner Eber trifft Camper
Eckhardt	Harte Ecke
Effenkammer	Effenberger in der Besenkammer ...
Effert	Gepfeffert
Eggert	Ecke der Erde
Ehmann	Ehemann
Ehrlich-Beck	Ehrlicher Bäcker
Eichmann	Auf einer Eiche sitzt ein Mann
Eiden	Eid leisten
Eikermann	Heiterer Mann
Elders	Ist älter
Elle	Elle und Speiche
Elö	Elektrischer Lötkolben
Elverfeldt	Elfer-Feld, Fußballplatz
Emde	Emden
Emes	Elektrisches Messer
Emmerich	Roland Emmerich
Emmert	Hämmert
Engelschalk	Engel mit Schalk im Nacken
Epperlein	Rapperlein, kleiner Rapper
Erber	Ehrbar
Erhardt	Heinz Erhardt
Ersakmak	Türkisch für Ersatzmann
Etienne	Französisch für elektrische Antenne
Etzbach	Ätzender Bach
Euler	Männliche Eule
Ewering	Ehering
Exner	Exzellente Nerven

F

Fabich	Habicht
Fagin	Frag ihn
Farecker	Fahre über Äcker
Fäth	Väter
Fauldrath	Der Rat zu faulen

Faustin	In meiner Faust
Fehrmann	Fährmann
Feketeföldi	Fee per Rakete ins Feld
Feldhoff	Das gefällt dir hoffentlich
Fensch	Fanschal
Ferber	Färber
Fetai	Fee im Teich
Feuerstein	Fred Feuerstein
Fey	Feile
Fidyka	Ist viel dicker
Fiebich	Fiebrig
Fieger	Flieger
Filser	Filzer
Finnern	Finnisch sprechen
Fischer	Fischer
Fischerländer	Land, in dem nur Fischer leben
Fiser	Ist fieser
Fittkau	Fit im Kauen
Fladischer	Flaschen-Zerditscher
Fleischer	Fleischer
Fliege	Jürgen Fliege
Fließwasser	Fließendes Wasser
Flügel	Engelsflügel
Foerster	Förster
Folleher	Das volle her!
Frackmann	Mann im Frack
Frahm	Frischer Rahm
Frank	Frank Sinatra
Franke	Franken
Frankjovic	Franzosenwitz
Frase	Phrase
Freihart	Frei hat
Frense	Franse
Freudl	Freude

Fricke	Ich friere und nicke
Friesch	Friesisch
Friese	Ostfriese
Frison	Frisiertes Bison
Froben	Proben
Fromm-Pleterski	Der fromme Peter auf Ski
Frost	Frost, brrrrrrrr
Frühinsfeld	Früh ins Feld
Fuchs	Fuchs
Füllgrabe	Fülle den Graben
Funke	Funken

G

Gäbel	Gäbelchen
Gack	Zack
Gade	Schweizer Garde
Gaida	Der Geiger da
Gaier	Geier
Galinowski	Ganz links auf Skiern
Galvéz	Gallische Weste
Gandor	Ganzes Ohr
Garbsch	Gabentisch
Garstecki	Gesteck
Gaudo	Gaudí
Gawenat	Ganz wenig Natur
Gedecksnis	Gedeck mit Snickers
Gehm	Gemahl
Gehrke	Gurke
Gehrmann	Gern gesehener Mann
Geißler	Heiner Geißler
George	Götz George
Gerdum	Gerd dreht sich um
Gerhardt	Gerhard Schröder
Gerken	Würde ich gern kennen
Gerlach	Gerne lachen

Das Lexikon der Assoziationen

Gerloff	Gärtner im Loft
Germander	Fährt gern Manta
Gesser	Messer
Ghane	Ghana
Giede	Ganz rigide
Gierga	Gieriger Gast
Giese	Riese
Giest	Er gießt
Gildemeyer	Aus der Gilde ein Meier
Gitt	Gitter
Glaenzel	Glänzende Zelle
Glasser	Glaser
Glathe	Glas Tee
Glebocki	Glänzende Bockwurst
Glembotzky	Klemm die Botten auf Ski
Goebler	Goethe und Blair
Goedecke	Goethe an der Ecke
Gögler	Göttergleicher
Göhler	Köhler
Goldbeck	Becken mit Gold
Golla	Goldene Laterne
Golota	Gold von Lothar
Goltermann	Gold hat der Mann
Gombert	Auf Gomera wohnt Bert
Göpfert	Töpfert
Görtz	Schuhe von Görtz
Gottfried	Gott stiftet Frieden
Göttsch	Göttlicher Tisch
Gottschlich	Gott schlich davon
Grabert	Grabe in der Erde
Gräbner	Gräbt Gräben
Gralka	Gral im Ka
Grandjean	Große Jeans
Grennigloh	Renn ich los

	Gresche	Grelle Brosche
	Griese	Riese
	Grimme	Grimme-Preis
	Gröne	Grönländer
	Gropp	Grob
	Grubert	Grube in der Erde
	Grunert	Grüne Erde
	Grünheid	Grüne Heide
	Grüninger	Grüne Dinger
	Günther	Günther Jauch
	Gutschalk	Gottschalk
	Gutschi	Gucci
H	Haas	Hase
	Habenicht	Habe nicht …
	Haberzettel	Von Habermas ein Zettel
	Hackfurt	Hack ist fort
	Hahner	Sehr männlicher Hahn
	Haider	Ein Hai! Der?
	Haldenwanger	Zu den Halden wankt er
	Hamacher	Haarmacher, Friseur
	Hampel	Ampel
	Hanebutte	Hagebutte
	Haneder	Hahnenfeder
	Hantke	Hand
	Harders	Jetzt hat er's!
	Hartig	Artig
	Hartinger	Harter Finger
	Hartleben	Hartes Leben
	Hartmann	Harter Mann
	Hartwig	Hart und wichtig
	Harwardt	Harvard
	Haselmeier	Haselnüsse und Eier
	Hassan	Hase und Fasan

Das Lexikon der Assoziationen

Haßdenteufel	Hasst den Teufel
Hauder	Haut da
Haug	Haudegen
Hauptmann	Hauptmann
Hauser	Kaspar Hauser
Heberle	Ich hebe eine Erle
Hecker	Hacker
Heidenreich	Elke Heidenreich
Hein	Herein!
Heinemann	Kleine Mann
Heinrich	Heinrich Heine
Heitschmidt	Heiterer Schmidt
Hell	Hell
Hellebrand	Heller Brand
Helmschrot	Den Helm zerschroten
Helmut	Helmut Schmidt
Hempel	Stempel
Henjes	Henne liebt Katjes
Henken-Mellies	Verschenken Karamellen
Herber	Herb
Herkelmann	Merkels Mann
Herms	Hermes, der Götterbote
Hertkorn	Auf dem Herd ein Korn
Hertrich-Göpfert	Am Herd habe ich getöpfert
Herz	Herz
Herzog	Herzog
Hesse	Aus Hessen
Hethey	Hätte gern ein Ei
Hetzius	Hetzt zum Bus
Heusel	Häuschen
Heuss	Heu
Heye	Haie
Hiebsch	Ist hübsch
Hielscher	Himmlischer Scherz

Hilbertz	Hill von Bert
Hildebrandt	Dieter Hildebrandt
Hill	Hill, englisch für Hügel
Hilliges	Hügeliges Land
Hinkeldey	Hinkelstein fällt auf Ei
Hinsch	Hinschmeißen
Hirschhäuser	Häuser vom Hirsch
Höchtl	Höre ich ein Telefon, Töchterlein?
Hofberger	Hof in den Bergen
Höfer	Ich höre einen Fernseher
Hoffmeister	Hoffen auf Meister
Hohenleitner	Auf der hohen Leiter
Hollatz	Holländischer Latz
Holly	Hollywood
Holtkemper	Im Holz campen
Holweg	Hohler Weg
Hölzer	Streichhölzer
Honcza	Von Hongkong der Zar
Hönings	In der Höhe links
Höper	Höchstpersönlich
Hoppe	Hoppe, hoppe Reiter ...
Horneffer	Horn aus Pfeffer
Horter	Hüter, Aufbewahrer
Hortig	Hurtig
Hosberg	Hosenberg
Housten	Whitney Houston
Huber	Hustender Bär
Huber	Huch, ein Bär!
Hübler	Grübler
Hübscher	Hübscher Mann
Hudakova	Der Hut ist da im Koffer
Hufnagel	In dem Huf ein Nagel
Huisken	Häuschen
Hülsebusch	Hülse im Busch

	Humpl	Humpelt
	Huss	Husse
I	Ianella	»Ja« zu Nutella
	Ibielski	Ich lieb Skifahren
	Idzkowski	It's ein Koffer Ski
	Illner	Maybrit Illner
	Immig	Grimmig
	Imping	Im Ping Pong
	Inter	Inter Mailand
	Isfort	Ist fort
	Iwert	Ideeller Wert
J	Jager	Jagertee
	Jäger	Jäger
	Jahn	Turnvater Jahn
	Jahr	Ein Jahr
	Jantz	Ganz
	Jauch	Günther Jauch
	Jedzig	Jetzt ich!
	Jenei	Jenes Ei
	Jentsch	Junger Mensch
	Joos	Jo, gleich los!
	Jöris	Jörg ist ...
	Jungwirth	Junger Wirt
	Jürgens	Udo Jürgens
	Jurk	New York
K	Kaben	Gaben
	Kacetel	Katze am Telefon
	Kaczich	Katholische Schicht
	Kaechelen	Kächelchen, kleine Kachel
	Kahlert	Kahle Erde
	Kähne	Kahn

Kairies	Kaiserlicher Riesling
Kalus	Bin mein car los
Kaminski	Kam in Skiern
Kanizsai	Kann nicht sein
Kapell	Kapelle
Kapella	A cappella
Karam	Karamalz
Karl	Karl der Große
Karpp	Karpfen
Kasel	Kassel
Kassow	Kasse
Kaufhold	Kaufe meiner Holden
Kedziora	Kette zieht das Ohr ab
Kehler	Kehle ist leer
Keirath	Kein Rat
Keiser	Kaiser
Keller-Lauscher	An der Kellertür lauschen
Kelter	Keltern
Kerst	Du kehrst den Hof
Kerwer	Kehrwert
Kessler	Kessler-Zwillinge
Khaledi	car lady (Englisch)
Kiefer	Kiefernholz
Kiefer-Schlick	Kiefer voll Schlick
Kiehn	Kinetik
Kieltyka	Tücher aus Kiel
Kiep	Keep, englisch für halten
Killmaier	Ich killere den Maier
Kingenberg	Ein Kind läuft gen Berg
Kirbach	Kirche am Bach
Kirchgeßner	Kirchgänger
Kirsch	Kirsche
Kirschniak	Kirschen tragen nie Jacken
Kitz	Rehkitz

Klabun	Klatschen und Buhen
Klauke	Klau Kerzen
Kleban	Klebeband
Kleffner	Er kläfft und nervt
Klein	Ist klein
Kleinhaus	Kleines Haus
Kleinsteuber	Der kleine Stoiber
Klett	Klettband
Klimpel	Klimmzug mit Pellkartoffel
Klinzmann	Jürgen Klinsmann
Klocke	Glocke
Klose	Lose
Kloss	Lip Gloss
Klostermann	Mann im Kloster, Mönch
Klotz	Der Klotz
Klünder	Plündern
Knauer	Am Knie ein Aua
Knizia	Knie zieht an
Knobloch	Knoblauch
Knoll	Knolle
Knuff	Ist knuffig
Knümann	Der Knüller, man!
Koch	Koch
Kochanek	Koch an der Ecke
Kohl	Helmut Kohl
Köhler	Horst Köhler
Kohlmann	Der Mann, der Kohlen liefert
Kohrt	Kurort
Kolbeck	Kohl im Becken
Kolbusch	Kohl im Busch
Koliwer	Kopf von Oliver Kahn
König	König
Konrad	Adenauer
Koppers	Knoppers

Korn	Weizenkorn
Korte	Torte
Körten	Kürzen
Koschtomei	Koschere Tomaten und Eier
Köskroglu	Köstlich! Krokodil mit Glukose!
Koyuncu	Da kommt ein junger Schuh!
Krammer	Krumme Kammer
Kratz	Kratzer
Krause	Krause Haare
Krawczyk	Die Krawatte ist schick
Krayer	Kranker Bayer
Kremer	Krämer
Krestel	Kristall
Krohn	Krone
Krüger	Mike Krüger
Kubizek	Kuh kauft Bier, zahlt mit Scheck
Kucab	Die Kutsche düst ab
Kühl	Ist kühl
Kuhrs	Kurstadt
Kümpfel	Kümmel auf dem Feld
Künzel	Künstliches Zelt
Küpker	Kupfer
Kureck	Kuh am Reck
Kürschner	Kürschner
Kutschki	Der Kutscher kichert
Küttelwäsch	Wäscht Kittel
Kyszkiewicz	Kuss je Witz

L

Labersweiler	Laben am Weiler
Läken	Laken
Lambert	Lamm heißt Bert
Lammerding	Lamm aus Erding
Lange	Ist lang
Längsfeld	Längs am Feld entlang

Laubenstein	Laube aus Stein
Lauer	Auf der Lauer
Lauxmann	Lauf, Mann!
Lehmkau	Lehm kauen
Leichert	Leichte Erde
Leipold	Leiter poltert
Leisentritt	Einen leisen Tritt
Leiteritz	Leiter ins Ritz
Leitolf	Leitwolf
Lembeck	Lehmbecken
Lembke	Robert Lembke
Leppert	Läppert sich
Lich	Licht
Lichtenwalter	Verwalter von Liechtenstein
Lienau	Liebe now!
Lieppel	Liebe Pelle
Lindner	Patrick Lindner
Linowitzki	Linoleum mit Whiskey
Lipsky	Lippe auf Skiern
Loesch	Lösch
Löhr	Nadelöhr
Lübbecke	Ecke von Lübeck
Lübke	Lücke
Luddeneit	Luther spricht einen Eid
Lüdemann	Müder Mann
Ludwig	König Ludwig II.
Luginsland	Ich luge ins Land
Lundelius	Ist lustig und deliziös
Lützelberger	Lüttes Zelt in den Bergen
Lux	Luchs

M

Machnitzsky	Mach nichts auf Skiern
Madel	Fesches Madel
Mader	Marder

Madsack	Made im Sack
Magin	Maggi
Mahnewald	Mahnt der Wald
Marino	Marine
Mariscal	Das Meer ist kalt
Markgraf	Eine Mark für den Grafen
Markowitz	Marko ist witzig
Marschner	Marschierer
Marsolek	Mama soll ins Eck
Martin	Der heilige Martin
Marwinski	Mal winken mit dem Ski
Massafra	Musst du mother fragen
Matthai	Matter Hai
Mauersberger	Mauer am Berg
Mecke	Meckern
Mecking	McKing (fusionierte Fastfood-Kette)
Megdiche	Mögliche
Meidl	Traf im Mai ein Madl
Meier	Meier
Meinhold	Meine Holde
Meißner	Meißner Porzellan
Melchior	Milch im Ohr
Mellmann	Melkender Mann
Melon	Melone
Mensching	Menschliches Ding
Menzel	Männer in Zelten
Metze	Metzger
Meurer	Maurer
Michel	Michel aus Lönneberga
Minardi	Mit Nahrung dienen
Mindnich	Ich vertrage Mint nicht
Minkwitz	Mit Witz
Misselhorn	Miss Elmshorn
Mittelstädt	Mittelgroße Stadt

Das Lexikon der Assoziationen

Mögebauer	Bauern mögen
Mohammad	Montags hämmert er
Moll	Moll versus Dur
Morgenstern	Christian Morgenstern
Morhardt	Hartes Moor
Moser	Hans Moser
Mraovic	Mao erzählt einen Witz
Mühlenkamp	Die Mühle auf dem Kamp
Muley	Mutig auf die Leiter
Müller	Müller
Musial	Musical

N

Nafe	Nah und fern
Nagel	Nagel
Navarre	Nachtwache
Nehrhoff	Ich nähre die Hoffnung
Nemsow	Nehm ich so
Neubronner	Neuer Brunnen
Neumann	Neuer Mann
Niederdränk	Nie da gewesenes Getränk
Niehbur	Nie Geburtstag!
Niepelt	Niemand pellt
Niggemeier	Nickender Meier
Niklewitz	Ich trage Nickelbrille und erzähle einen Witz
Nix	Nichts
Noblé	Ist nobel
Nogalski	Im Norden fahren Gallier Ski
Nöh	Nö
Noll	Null
Nörenberg	Nördlicher Berg
Nowak	Die Nonne wackelt
Nussbaumer	Nussbaum
Nyssen	Nüsse

O   Oeckinghaus   Ochs im Haus
Oestergard   Österliche Garde
Oesterhoff   Österliche Hoffnung
Ohlsen   Olsenbande
Olschlies   Olles Schließfach
Oltmanns   Holt man's
Onat   Ornat
Opitz   Ofenpizza
Opper   Opa
Osterloh   Osterfeuer brennt lichterloh
Ottenhof   Motten fliegen im Hof
Overbeck   Über das Becken
Öztan   Der Ötzi tanzt

P   Paasch   Pasch
Pachur   Parkuhr
Pallasch   Palast
Panter   Panther
Papendiek   Pappen dick
Parker   Einparker
Parthon   Pardon
Paterok   Pater trägt Rock
Paulsson   Pauls Sohn
Pausch   Pauschalreise
Peiß   Der Preis ist heiß
Pelny   Pelle nie
Pendt   Pennt
Perkovic   Per Koffer Witz
Persiel   Persil Waschmittel
Petersen   Peters Sohn
Petroglou   Petroleum Glut
Pfister   Geschwister Pfister
Pfotenhauer   Haut auf die Pfoten
Pianetti   Nette Pianomusik

Das Lexikon der Assoziationen

Pieczarka	Pizza auf Acker
Pieper	Pieper vom Arzt
Pierre-Kaiser	Pierre Brice wird Kaiser
Piesker	Pisa Kerker
Pietruschka	Piet fährt ein russisches car
Pignataro	Pina Colada und Tarotkarten
Plaßmann	Der ist blass, Mann!
Plodek	Blöde Ecke!
Podschelni	Pott von Shell gibt es nie
Polacek	Polaroid checken
Pomplitz	Potzblitz
Portillo-Garcia	Portweinflasche durch den Garten ziehen
Posegga	Pose von Schwarzenegger
Potrifke	Pott trifft Kerl
Predmerski	Ich predige mehr Skier
Preuß	Preuße
Preußler	Preußischer Lehrer
Prohaska	Pro Hasen und Kaninchen!
Ptakowski	Paket auf Skiern
Putschke	Putsch der Kerle

Q

Quadflieg	Christian Quadflieg
Quandt	Quantensprung
Quest	Question, englisch für Frage
Quirin	Quer in

R

Radina	Rasender Diener
Radionovas	Neue Radios
Raffauf	Raff dich auf
Raschke	Es raschelt im Keller
Rau	Raues Wetter
Reber	Rebe
Recke	Recke
Reckel	Deckel

Recker	Reck-Turner
Reckmeyer	Der Meyer turnt am Reck
Reese	Reh sehen
Rehbein	Reh auf vier Beinen
Reichelt	Reiche Eltern
Reimann	Reicher Mann
Reiniger	Saubermacher
Reiser	Rio Reiser
Reisert	Reist um die Erde
Reising	Auf Reisen singen
Reitenbach	Durch den Bach reiten
Rella	Umbrella, englisch für Regenschirm
Remus	Romulus und Remus
Renkes	Ich renke es ein
Rentsch	Rennt um den Tisch
Rheid	Reiten
Richter	Richter
Rieger	Riga
Ringel	Ringelnatz
Rinne	Regenrinne
Ripper	Jack the Ripper
Ritter	Ritter
Ritzkowski	Ins Ritz mit Koffern auf Skiern
Roessler	Die Rösser lernen ...
Rohde	Rohden
Rohrmann	Klempner
Röleke	Rohöl in der Ecke
Rolffs	Das ist Rolfs
Römhild	Die Römerin Hilde
Roschkowski	Rostiger Koffer auf Skiern
Roßbach	Zu Ross durch den Bach
Rostankowski	Rost an den Koffern auf Skiern
Roth	Ist rot
Röthemeier	Er rötet die Eier

Das Lexikon der Assoziationen

Rother	Ist roter
Röther	Ist rötlich
Rozycka	Roher Zucker
Rubach	Ruhe am Bach
Ruben	Rubin
Ruf	Ruf
Ruhland	Ruhe im Land
Rühmkorf-Ernst	Berühmt im Dorf für seinen Ernst
Rümmler	Tümmler
Rung	Ehrung
Ruoff	Ruhe ist vorbei
Rupprecht	Knecht Ruprecht
Rutka	Route fürs car

S

Saalfeldt	Saal im Feld
Sammlaus	Sammelt Läuse
Samson	Samson aus der Sesamstraße
Sand	Sand
Sarstedt	Sah Städte
Sasnovkis	Saß auf neuen Kissen
Savona	Sah die Wonnen der Natur
Schaack	Shark, englisch für Hai
Schäfer	Schäfer
Schaffert	Erschafft die Erde
Schanbacher	Schöner Bach
Scharf	Ist scharf
Scharr	Schar
Schätzel	Schätzelchen
Schauenberg	Schauen auf den Berg
Scheel	Schälen
Scheible	Scheiblettenkäse
Schella	Schellt an der Tür
Scheller	Es schellt
Schelm	Schelm

Schelonke	Cello von meinem Onkel
Schichl	Strichl
Schiefer	Schiefertafel
Schiek	Ist schick
Schilli	Chili
Schindler	Dachschindel
Schink	Schinken
Schlademann	Das ist schade, Mann!
Schliebs	Schlips
Schmalriede	Schmaler Riegel
Schmidt	Harald Schmidt
Schmieja	Das schmiert ja!
Schmitz	Ist verschmitzt
Schmüser	Schmunzelnder Düser
Schneider	Romy Schneider
Schnoor	Schnorren
Schöberichts	Schöner Bericht
Schöller	Eis von Schöller
Schomburg	Burg voller Schaum
Schön	Ist schön
Schöning	Schöner Ring
Schönrock	Schöner Rock
Schrage	Schöne Garage
Schramhauser	Schramme am Haus
Schremer	Schräges Meer
Schuck	Schmuck
Schuhmacher	Macht Schuhe
Schüle	Stühle
Schuller	Schnuller
Schulte	Schulter
Schulz	Axel Schultz
Schupp	Schuppen
Schurz	Schürze
Schwab	Schwabe

Das Lexikon der Assoziationen

Schwamb	Schwamm
Schwanbeck	Schwan im Becken
Schweers	Ich schwör's
Schweidler	Schweizer Lehrer
Schwertle	Kleines Schwert
Sehan	Ich sehe einen Hahn
Seibel	Säbel
Seif	Seife
Seifert	Seife auf der Erde
Seitz	Abseits
Semke	Seemannskerl
Seyfried	Sei friedlich
Siebert	Sieben Bärte
Siegert	Sieg auf Erden
Siegrist	Der Sieger frisst
Silva	Silva, lateinisch für Wald
Simmat	Flimmert
Sippli	Kleine Sippe
Skarabis	Skalpell ragt bis ...
Skowonek	Skodawochen am Neckar
Slanina	Slalom fährt der Ninja
Soenichsen	So nicht, mein Sohn!
Soheili	So heilig
Soljan	Soll im Januar ...
Sosna	Soße natürlich!
Spaett	Ist spät
Spazal	Spart beim Zahlen
Spengler	Spange
Spiegelburg	Spiegel in der Burg
Spirinx	Spitzen rings umher
Stäblein	Kleiner Stab
Stadlhuber	In der Stadt – huch! – ein Bär!
Stahl	Aus Stahl
Stanko	Stangen kochen

Stargardt	Gard für Stars
Steege	Mehrere Stege
Steidinger	Steinige Dinger
Steinbach	Stein am Bach
Stelter	Bestellt er
Stitz	Stibitzt
Stöckel	Stöckelschuh
Stögbauer	Stegbauer
Storz	Sturz
Strackerjahn	Starker Jan
Striezel	Gestrichenes Zelt
Strobelt	Stroh Gürtel
Strumpf	Strumpfband
Stumpff-Benter	Stumpfe Bänder
Sturm	Sturm
Suhr	Frisur
Sulz	Salz
Surborg	Frisur borgen
Svoboda	Zwo Bohnen da

T

Tandler	Tand-Händler
Taylor	Tailor, englisch für Schneider
Tengler	Tengelmann ist leer
Thörn	Segeltörn
Tiersch	Tierschützer
Tietz	Notiz
Tögel	Vögel
Tokarski	Tolle karierte Skier
Tomschy	Phantom fährt Ski
Tönjes	Es tönt »yes!«
Trader	Trader, englisch für Händler
Traxel	Kraxelt
Treibert	Da treibt Bert!
Tress	Dress

Das Lexikon der Assoziationen

	Troiano	Trojaner
	Trunkel	Trunken im Dunkel
	Tschauschew	Ciao, Chef!
	Tschentscher	Gentscher
	Tummescheit	Tummeln sich Gescheite
	Tüngler	Tümmler
	Tunsch	Punsch
	Türk	Türkei
	Turner	Vorturner
U	Überschaar	Über-Schah, Chef vom Schah
	Ueckert	Glück auf Erden
	Uhlenhut	Coolen Hut
	Ullrich	Jan Ullrich
	Unfried	Unfriede
	Unterlöhner	Schlecht Verdienender
	Urban	Turban
	Uthoff	Ute hofft
V	Van de Keere	Fun beim Kehren
	Van Lessen	Fun beim leckeren Essen
	Vauth	Pfau
	Vees	Gefäß
	Vehn	Feen
	Verhoeven	Zu fernen Höfen
	Veth	Fete
	Vidakovic	Wiederkommender Witz
	Vieth	Feet
	Villwock	Will einen Wok!
	Vogel	Vogel
	Vogelmann	Männlicher Vogel
	Voges	Vorgesehen
	Voigt	Landvogt
	Voit	Freud

	Volkmer	Volk am Meer
	Volle	Volle Stunde
	Vollmeraus	Voll am Meer das Haus!
	Von Beyme	Von bayerischen Managern
	Von Sydow	Von süßen Donuts
	Vonarb	Von der Arbeit
	Voß	Pfosten
	Voss	Boss
W	Wach	Dach
	Walczak	Walzer, zack, zack!
	Walsdorf	Dorf der Wale
	Walter	Verwalter
	Waltereit	Walter reitet
	Webb	World wide web
	Weber	Weber
	Wehner	Herbert Wehner
	Weichert	Weiche Erde
	Weier	Weiher
	Weisbecker	Mehlweißer Bäcker
	Weiske	Weiße Kerze
	Weißenborn	Weiß geboren
	Weißflog	Jens Weißflog
	Weissinger	Weiße Haie singen
	Weitzel	Weites Himmelszelt
	Weizäcker	Weizen-Äcker
	Welte	Welt
	Werner	Averna
	Weschollek	Wäsche für Scholle
	Wezel	Brezel
	Wiarda	Wiehert da
	Wiedemann	Auf der Wiese ein Mann
	Wiegandt	Wiege steht auf dem Land
	Wiegmann	Wiege den Mann

Das Lexikon der Assoziationen

Wienbreyer	Wien ist voller Brei
Wienecke	Wiens schönste Ecke
Wiese	Grüne Wiese
Wietlak	Weißes Laken
Wilczewski	Wilder Chef auf Skiern
Willenberg	Villen auf dem Berg
Willersinn	Villa mit Sinn
Willich	Will ich haben!
Willroth	Will rot
Windisch	Windig
Winkler	Winkender Lehrer
Winters	Im Winter
Wirth	Wirt
Witter	Gewitter
Wohlrabe	Das ist wohl ein Rabe?
Wolf	Der graue Wolf
Wolfram	Wolf in Rahm
Wopp	Doppel-Wopper
Wragge	Frage
Wudi	Wunderdiät
Wunsch	Wunsch
Würzbach	Gewürzter Bach
Wysocki	Über die Wiese auf Socken

X

Xander	Zander
Xaver	Lava
Xeller	Geselle

Y

Yazici	Zaziki
Yggs	Eggs
Yousef	Do it yourself!

Z

Zagermann	Verzagter Mann
Zarniewicz	Zar erzählt nie Witze

Zeisberg	Eisberg
Zeljak	Zeltjacke
Zepp	Zeppelin
Zibert	Zieh an Bert!
Ziemann	Ich ziehe am Mann
Ziemski	Seems to be ski
Zimmermann	Zimmermann
Zingel	Umzingeln
Zirpel	Zirkel
Zitka	Sitting in a car
Zocher	Locher
Zöllner	Zöllner
Zude	Gibt zu denken
Zufas	Zuckerfass
Zwickis	Heftzwecken

Danke schön!

Geh danken, Gedanken. Vielen herzlichen Dank an all die Menschen, die mitgewirkt haben bei »Denken hilft«, direkt oder indirekt. Das sind so viele, dass ich hier nur ein paar wenige namentlich erwähnen kann. Aber auch alle anderen sind in meinen Gedanken, beim Danken.

Ich bedanke mich bei meinen Eltern, denn zum Schreiben muss man geboren sein. Von ihnen habe ich viel gelernt, das bleibt nicht aus. Von meiner Mama die Lebensfreude und das Quatschmachen, von meinem Papa die Disziplin und das Weitermachen. Außerdem haben sie dafür gesorgt, dass ich vier Geschwister und durch diese ein Dutzend toller Neffen und Nichten habe. Spielen ist wichtig.

Auch auf der Bühne habe ich mit vielen Menschen zusammen gespielt, Ideen ausgetüftelt und Spaß gehabt: Danke an die »Plebsbüttel« Detlef Simon und Guido Schmalriede. Und danke an das Ensemble des »Think-Theatre« Kai Eikermann, Felix Gaudo, Andy Häussler und Dr. Eckart von Hirschhausen. Für Freundschaft und Erfahrungsaustausch danke ich besonders auch Nicolai des Coudres, Timo Wopp und Cristián Gálvez, der das Vorwort geschrieben hat.

Das Bühnenprojekt »Denken hilft« haben 2005 mit auf den Weg gebracht: Regisseurin Claudia Wehner, die Künstlermanagerin Vanessa de Boer und der unermesslich unermüdliche Technikmeister Klaus König. Dafür dass meine Videos rückwärtslaufen, mich Menschen also überhaupt verstehen können, geht ein Dankeschön an die Herren Frank Förster, Karsten Gandor und Robert Flügel.

Inspirierend waren und sind die Begegnungen mit den Superhirnen, Top-Kreativen und Denkgurus. Vielen Dank an Dr. Dr. Gert Mittring, Dr. Gunther Karsten, Tony Buzan und Prof. Edward de

Bono. Und auch viele Jahre nach meiner Zeit als Texter wirkt der kreative Spirit von S&J noch nach. Beeindruckt haben mich: Konstantin Jacoby, Jean-Remy von Matt, Hartwig Keuntje und Michael Weigert.

Ideen teilen, Erfahrungen austauschen, sich als Netzwerk verstehen: Das ist ein guter Nährboden für kreatives Arbeiten. Vielen Dank an alle Kollegen Speaker und Trainer, insbesondere an die German Speakers Association GSA, Speakers Excellence und das Unternehmen Erfolg. Besonders motiviert haben mich Prof. Dr. Lothar J. Seiwert und Markus Hofmann, auf dessen »VIER Gewinnt«-Symposium mein Vortrag Premiere hatte.

Meine Arbeit auf der Bühne wäre undenkbar ohne das Team der Think-Theatre GmbH. Vielen Dank an meine Managerin Tina Wolff, Sebastian Dörnemann, Sandra Herz und Anika Ohlsen. Und auch ohne Veranstalter, Zuschauer und Auftraggeber wäre es schwierig. Also vielen Dank an alle Theater und Unternehmen, die mit uns arbeiten – und an Sie als Zuschauer.

Dieses Buch halten Sie in Händen dank der Literaturagentin Bettina Querfurth und des engagierten Teams des Heyne Verlags: Lektorin Jessica Hein, Sabine Hellebrand, Doris Schuck, Michael Haider und viele weitere. Das Design für das Buch und für die Show »Denken hilft« entwickelte René Fehrmann, die Fotos schoss Chris Hirschhäuser, die Illustrationen stammen von Christian Puille, und bei der Recherche unterstützen mich Steffi Michel und Ute George.

Die liebevollste Hilfe beim Denken und Schreiben ist meine Frau Tina. Wenn ich nicht weiterweiß, dann frage ich sie. Sie weiß nämlich immer schon vorher, was ich gleich denke. Und wenn uns beiden nichts einfällt, dann joggen wir einfach um den Berliner Schlachtensee. Das hilft immer. Auch wenn Denken mal nicht hilft.

Literaturverzeichnis

Aamodt, Sandra/Wang, Samuel: Ein respektloser Führer durch die Welt unseres Gehirns. München: C. H. Beck, 2009.

Beavin, Janet H./Jackson, Don D./Watzlawick, Paul: Menschliche Kommunikation: Formen, Störungen, Paradoxien. Bern: Verlag Hans Huber, 2007.

Birkenbihl, Vera F.: Das innere Archiv. Offenbach: GABAL Verlag, 2005.

Birkenbihl, Vera F.: Stroh im Kopf? Vom Gehirn-Besitzer zum Gehirn-Benutzer. München: mvg Verlag, 2009.

Brockhaus: Meilensteine der Menschheit. Hundert Entdeckungen, Erfindungen und Wendepunkte der Geschichte. Leipzig/Mannheim: F. A. Brockhaus, 2003.

Buzan, Tony: Change Now! Zukunft gestalten mit Mind Maps. Heidelberg: mvg Verlag, 2006.

Buzan, Tony: Power Brain. Der Weg zu einem phänomenalen Gedächtnis. Heidelberg: mvg Verlag, 2006.

Buzan, Tony: Use your Memory. London: BBC Active, 2003.

Carter, Judy: The Comedy Bible. From Stand-up to Sitcom – The Comedy Writer's Ultimate »How-to« Guide. New York: Fireside, 2001.

Cleese John: »The Importance of Creativity« www.youtube.com/watch?v=zGt3-fxOvug, 19. 3. 2009.

Corinda: Mnemotechnik. 13 Stufen zur Mentalmagie. München: Rudolf Braunmüller, 1968.

Corssen, Jens: Der Selbst-Entwickler. Das Corssen-Seminar. Wiesbaden: Marix Verlag, 2004.

Craik, Fergus I. M./Lockhart, Robert S.: »Levels of Processing. A Framework for Memory Research.« In: *Journal of Verbal Learning and Verbal Behavior*, Vol. 11, 1972.

Csikszentmihalyi, Mihaly: Creativity. Flow and the Psychology of Discovery and Invention. New York: HarperPerennial, 1997.

De Bono, Edward: New Thinking for the New Millenium. London: Penguin Books, 2000.

De Bono, Edward: Die Entwicklung neuer Ideen durch die Kraft kreativen Denkens. Stuttgart: Schäffer-Poeschel Verlag, 1996.

Deutsche Gesellschaft für Mentales Training e.V. (DGMS): »Was ist Mentaltraining?«, *http://www.dgmt.de/mentaltraining/index.html*, 27. 2. 2009.

Dingli, Sandra M. (Hrsg.): Creative Thinking. An Indispensable Asset for a Successful Future. Malta: Malta University Press, 2002.

Draaisma, Douwe: Die Metaphernmaschine. Eine Geschichte des Gedächtnisses. Darmstadt: Primus Verlag, 1999.

dtv-Atlas: Namenkunde. Vor- und Familiennamen im deutschen Sprachgebiet. München: Deutscher Taschenbuch Verlag, 2004.

Duden: Familiennamen. Herkunft und Bedeutung von 20.000 Nachnamen. Mannheim: Bibliographisches Institut & F. A. Brockhaus AG, 2005.

Ebert, Michael/Klotzek, Timm (Hrsg.): NEON. Unnützes Wissen. 1374 skurrile Fakten, die man nie mehr vergisst. München: Wilhelm Heyne Verlag, 2008.

Erhardt, Heinz: »Theaterstück mit G.« *www.heinzerhardt.com/html/filmausschnitte.php*, 9. 3. 2009.

Foster, Jack: How to Get Ideas. San Francisco: Berrett-Koehler Publishers, Inc., 1996.

Froehlich, A. J. Peter: »Reaktionen des Publikums auf Vorführungen nach abstrakten Vorlagen.« In: Hermann, Helmut G./Paulsen, Wolfgang (Hrsg.): Sinn aus Unsinn. Dada International. München: Francke Verlag, 1982.

Gálvez, Cristián: Du bist, was du zeigst! Erfolg durch Selbstinszenierung. München: Droemer Knaur, 2007.

Gay, Friedbert/Seiwert, Lothar J.: Das 1x1 der Persönlichkeit. Sich selbst und andere besser verstehen mit dem DISG-Persönlichkeits-Modell. Remchingen: Persolog, 2002.

Gesellschaft für deutsche Sprache (GfdS): *www.gfds.de*, 2. 5. 2009.

Gesellschaft für Gedächtnis- und Kreativitätsförderung e.V. (GGK): *www.memomasters.de*, 22. 5. 2009.

Grabbe, Hanna/Schumacher, David: »Die neuen Kombinierer.« In: *Financial Times Deutschland, www.ftd.de/karriere_management/karriere/:Kreative-Zerst%F6rer-43-Die-neuen-Kombinierer/470719.html*, 6. 5. 2009.

Grabowski, Joachim/Herrmann, Theo: Sprechen. Psychologie der Sprachproduktion. Heidelberg: Spektrum Akademischer Verlag, 1999.

Häusel, Hans-Georg: Think Limbic! Die Macht des Unbewussten verstehen und nutzen für Motivation, Marketing, Management. Planegg/München: Rudolf Haufe Verlag, 2005.

Helitzer, Melvin: Comedy Writing Secrets. How to Think Funny, Write Funny, Act Funny and Get Paid For It. Cincinatti: Writer's Digest Books, 1994.

Hornbach-BAUMARKT-Aktiengesellschaft (Hrsg.): »Passion.« *www.hornbach.de/home/de/html/index.phtml*, 23. 5. 2009.

Informationszentrum Mobilfunk e.V. (IZMF): »Jugend forscht. Die Preisträger 2008.« *www.izmf.de/html/de/60605.html*, 17. 4. 2009.

Initiative »Partner für Innovation« (Hrsg.): »Deutsche Stars. 50 Innovationen, die jeder kennen sollte.« *www.innovationen-fuer-deutschland.de/presse/pdf/deutsche_stars_final.pdf*, 30. 4. 2009.

I & U Information und Unterhaltung TV Produktion GmbH & Co. KG (Hrsg.): »Die Gripsshow.« *www.i-und-u.tv/gripsshow.php*, 19. 2. 2009.

Johnstone, Keith: Theaterspiele: Spontaneität, Improvisation und die Theatersport. Berlin: Alexander Verlag, 2009.

Jonsson, Runer: Wickie und die starken Männer. Hamburg: Verlag Heinrich Ellermann, 2005.

Kast, Bas: Wie der Bauch dem Kopf beim Denken hilft. Die Kraft der Intuition. Frankfurt am Main: S. Fischer Verlag, 2009.

Kelley, Tom/Ittmann, Jonathan: The Art of Innovation. London: Profile Books, 2002.

Kelley, Tom: Das IDEO Innovationsbuch. Wie Unternehmen auf neue Ideen kommen. München: Econ Verlag, 2002.

Kim, W. Chan/Mauborgne, Renée: Der Blaue Ozean als Strategie: Wie man neue Märkte schafft, wo es keine Konkurrenz gibt. München: Hanser Wirtschaft, 2005.

Kruse, Peter: next practice – Erfolgreiches Management von Instabilität. Veränderung durch Vernetzung. Offenbach: GABAL Verlag, 2004.

Laird, J. D.: »Self-attribution of emotion: The effects of expressive behavior on the quality of emotional experience.« In: *Journal of Personality and Social Psychology*, 29(4), 475-486, 1974.

Land der Ideen Marketing für Deutschland GmbH: *www.land-der-ideen.de*, 20.3.2009.

Leuninger, Helen: Reden ist Schweigen, Silber ist Gold. Gesammelte Versprecher. München: Deutscher Taschenbuch Verlag, 1998.

Lorayne, Harry: How to Develop a Super Power Memory. Hollywood: Lifetime Books, Inc., 1998.

Miller, George A.: »The Magical Number Seven, Plus or Minus Two. Some Limits on Our Capacity for Processing Information.« In: *Psychological Review*, 63, 81–79, 1956.

Mohr, Bärbel: Bestellungen beim Universum. Ein Handbuch zur Wunscherfüllung. Düsseldorf: Omega-Verlag, 2004.

Mrozek, Bodo: Das große Lexikon der bedrohten Wörter. Band I und II. Reinbek: Rowohlt Taschenbuch Verlag, 2008.

Oates, David John: Reverse Speech. Indianapolis: Knowledge Systems, Inc., 1991.

O. Verf.: »Anagramm-Generator in deutscher Sprache.« *www.sibiller.de/anagramme/*, 18.3.2009.

O. Verf.: »Am laufenden Band.« *www.de.wikipedia.org/wiki/Am_laufenden_Band*, 23.2.2009.

O. Verf.: »Apollo 11.« *www.de.wikipedia.org/wiki/Apollo_11*, 11.3.2009.

O. Verf.: »Beamtendeutsch.« *www.de.wikipedia.org/wiki/Beamtendeutsch*, 14.4.2009.

O. Verf.: »Boiling frog.« *www.en.wikipedia.org/wiki/Boiling_frog*, 5.3.2009.

O. Verf.: »Charles Darwin.« *www.de.wikipedia.org/wiki/Charles_Darwin*, 2.3.2009.

O. Verf.: »Die skurrilsten Kombinationen aus Vor- und Zunamen.« *www.unmoralische.de/namen/kombis.htm*, 20.3.2009.

O. Verf.: »Heilbronner Phantom.« *www.de.wikipedia.org/wiki/Heilbronner_Phantom*, 23.4.2009.

O. Verf.: »Henri Poincaré.« *www.de.wikipedia.org/wiki/Henri_Poincar%C3%A9#Literatur*, 15.2.2009.

O. Verf.: »Liste von Pseudonymen.« *www.de.wikipedia.org/wiki/Liste_von_Pseudonymen*, 3.3.2009.

O. Verf.: »Nivea bedankt sich beim Föhn.« *www.wuv.de/news/unternehmen/meldungen/2009/04/127093/index.php*, 22.4.2009.

O. Verf.: »Pi World Ranking List.« *www.pi-world-ranking-list.com/*, 15. 5. 2009.

O. Verf.: »Red Queen.« *www.en.wikipedia.org/wiki/Red_Queen*, 28. 3. 2009.

O. Verf. »Versprecher Merkel = Roland Kotz (Koch).« *www.youtube.com/watch?v=wcICoz14euA&hl=de*, 14. 4. 2009.

O. Verf.: »Vilfredo Pareto.« *www.de.wikipedia.org/wiki/Vilfredo_Pareto*, 4. 4. 2009.

O. Verf.: »Wortschatz.« *www.de.wikipedia.org/wiki/Wortschatz*, 23. 3. 2009.

Off, Timo: Best Off. Kreative Einblicke in die Welt der Ideenfindung. Oder: Warum ich keine Krawatten trage. Kiel: buchwerft-verlag, 2008.

Pfeiffer, Herbert: Oh Cello voll Echo. Frankfurt am Main: Insel Verlag, 1992.

Pinker, Steven: »How the Mind Works.« New York: W. W. Norton, 2009.

Pricken, Mario: Kribbeln im Kopf. Kreativitätstechniken & Brain-Tools für Werbung & Design. Mainz: Verlag Hermann Schmidt, 2007.

Ruppel, Johannes/Schulz von Thun, Friedemann/Stratmann, Roswitha: Miteinander reden: Kommunikationspsychologie für Führungskräfte. Reinbek: Rowohlt Taschenbuch Verlag, 2003.

Schauspielhaus Bochum (Hrsg.): »Lee Strasberg. Das Schauspielerseminar. 9.–22. Januar 1978.« Bochum: Schauspielhaus, 1979.

Schnetzler, Nadja: Die Ideenmaschine. Methode statt Geistesblitz – Wie Ideen industriell produziert werden. Weinheim: Wiley-VCH Verlag, 2006.

Schumpeter, Joseph: Theorie der wirtschaftlichen Entwicklung. Eine Untersuchung über Unternehmergewinn, Kapital, Kredit, Zins und den Konjunkturzyklus. Berlin: Duncker & Humblot, 2006.

Seiwert, Lothar: Das Bumerang-Prinzip. Mehr Zeit fürs Glück. München: Deutscher Taschenbuch Verlag, 2004.

Sloane, Paul: The Leader's Guide to Lateral Thinking Skills. Powerful Problem-solving Techniques to Ignite your Team's Potential. London: Kogan Page Limited, 2006.

Sollmann, Ulrich: Schaulauf der Mächtigen. Was uns die Körpersprache der Politiker verrät. München: Droemer Knaur, 1999.

Stanislawski, Konstantin Sergejewitsch: Die Arbeit des Schauspielers an sich selbst. Tagebuch eines Schülers. Teil I: Die Arbeit an sich selbst im schöpferischen Prozess des Erlebens. Berlin: Henschel Verlag, 2002.

Sternberg, Robert J. (Hrsg.): Handbook of Creativity. Cambridge: Cambridge University Press, 1999.

Strasberg, Lee: »Ein Traum der Leidenschaft. Die Entwicklung der ›Methode‹.« München: Schirmer/Mosel, 2000.

Touchmore GmbH: »Finalisten des Kurzfilmfestivals.« *www.supermotion.de/galerie/finalisten-des-kurzfilmfestivals.html*, 15. 5. 2009.

Voigt, Ulrich: Esels Welt. Mnemotechnik zwischen Simonides und Harry Lorayne. Hamburg: Likanas Verlag, 2001.

Voigt, Ulrich: Mata Hari. Ein mnemotechnischer Fortsetzungsroman, ein literarisches Experiment. *www.likanas.de/index2.htm*, 5. 5. 2009.

Von Hirschhausen, Eckart: »Humorvoll präsentieren.« In: Koller, Christine/Rieß, Stefan (Hrsg.): Jetzt nehme ich mein Leben in die Hand. 21 Coaching-Profis verraten ihre effektivsten Strategien. München: Kösel Verlag, 2009.

Von Kleist, Heinrich: »Über die allmähliche Verfertigung der Gedanken beim Reden.« *http://www.kleist.org/texte/UeberdieallmaehlicheVerfertigungderGedankenbeimRedenL.pdf*, 1. 4. 2009.

Von Oech, Roger: A Whack on the Side of the Head. How You Can Be More Creative. New York: Business Plus, 2008.

Watzlawick, Paul: Die erfundene Wirklichkeit. Wie wissen wir, was wir zu wissen glauben? Beiträge zum Konstruktivismus. München: Piper Verlag, 2008.

Weber, Peter F.: Der domestizierte Affe. Die Evolution des menschlichen Gehirns. Düsseldorf/Zürich: Patmos Verlag, 2005.

Wilber, Ken: Eine kurze Geschichte des Kosmos. Frankfurt: Fischer TB, 2004.

Winkelhofer, Georg: Kreativ managen. Ein Leitfaden für Unternehmer, Manager und Projektleiter. Berlin/Heidelberg: Springer Verlag, 2006.

Wolff, Bernhard: »Mnemotechnik vor dem Hintergrund von Lerntheorien und Konzepte für die Weiterbildungspraxis.« Hamburg: Diplomarbeit, 1997.

Wolff, Bernhard: »Wenn Sie auf die Bühne müssen.« In: Koller, Christine/Rieß, Stefan (Hrsg.): Jetzt nehme ich mein Leben in die Hand. 21 Coaching-Profis verraten ihre effektivsten Strategien. München: Kösel Verlag, 2009.

Yates: Frances A.: Gedächtnis und Erinnern. Mnemonik von Aristoteles bis Shakespeare. Berlin: Akademie Verlag, 2001.

Young, James Webb: A Technique for Producing Ideas. New York: The McGraw-Hill Companies, Inc., 2003.

Kontakt zum Autor

Think-Theatre GmbH
Saarstraße 17
12161 Berlin
Tel.: 0 30 / 85 99 49 57-0
Fax.: 0 30 / 85 99 49 57-1
info@think-theatre.de
www.bernhard-wolff.de
www.think-theatre.de